#おうちトレードで億り人！

知識ゼロからの株必勝法完全ガイド

相場師朗
愛鷹
今亀庵
www9945
山下勁

宝島社

本書は株式投資のノウハウを提供していますが、特定銘柄の推奨はしていません。銘柄名が出ている場合も、銘柄を選択するヒントを説明しているだけで、その銘柄を推奨しているわけではありません。投資にあたってのあらゆる意思決定、最終判断、実際の売買はご自身の責任において行われるようお願いいたします。投資による損失については、株式会社宝島社および著者・スタッフは一切責任を負いません。なお、本書の内容は、特に断りのない限り2020年9月7日現在のデータに基づいています。

編集協力●大竹崇文
ニューイーグル企画
執筆協力●エディマーケット
大西洋平
デザイン●鈴木貴之
図版作成●ミューズグラフィック
イラスト●nev

#おうちトレードで億り人！
知識ゼロからの株必勝法完全ガイド

目次

第1章

株式市場は道場だ！過去30年のチャートで練習し一生稼げる得意技を作る

相場師朗

第2章 世界のお金の流れを見極め小型成長株への集中投資で資産を一気に増やす

今亀庵

第3章 含み益を積み重ねる 順張り投資で株価上昇の波に乗る！

WW9945

第4章 失敗からは何も学べないチャートとのおしゃべりで月利5%を確実に稼ぐ

山下勁

第5章

買い集めた銘柄が次々10バガーで億り人 究極のほったらかし投資

愛鷹

この本の使い方

■ 元金・トレード頻度別投資スタイル

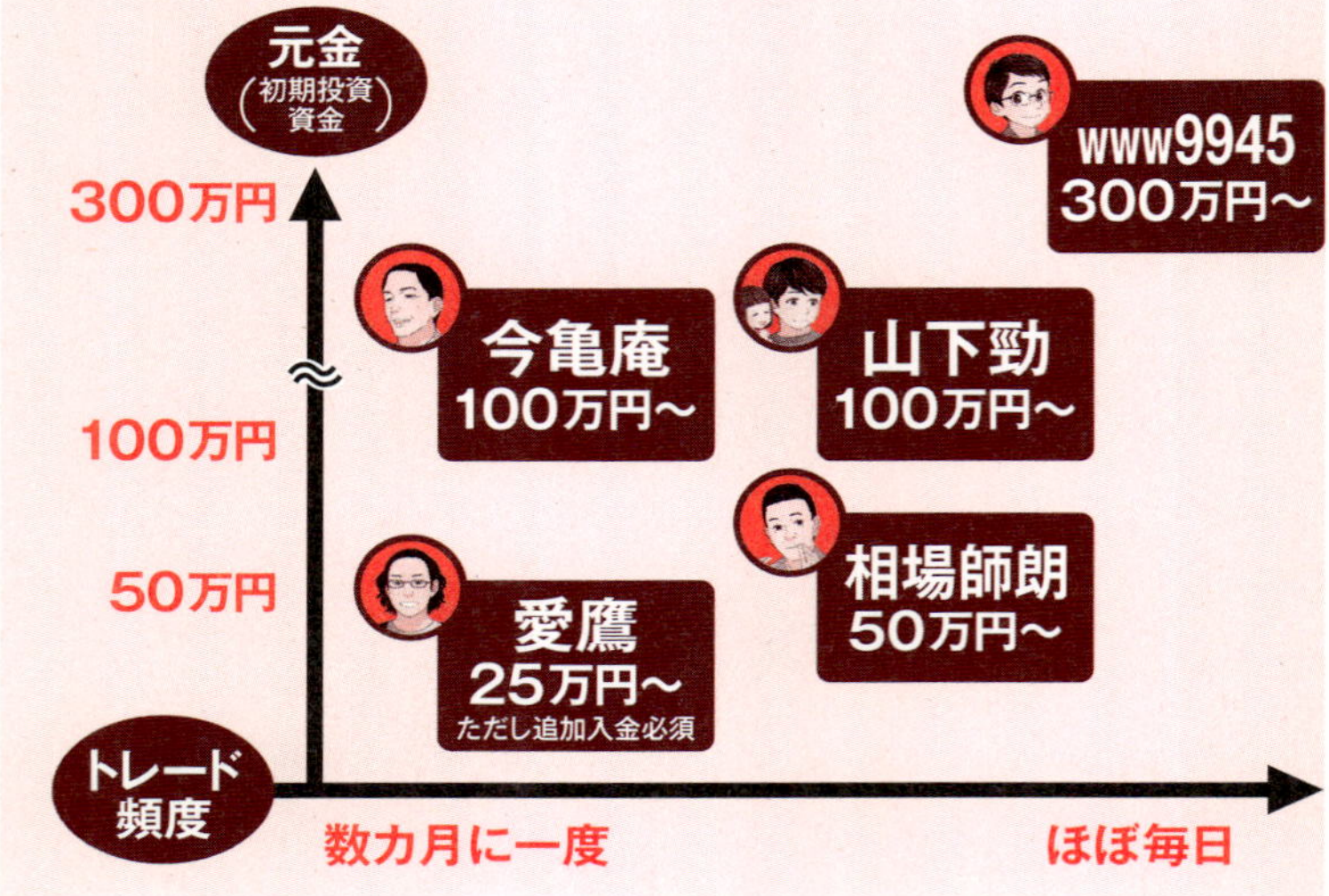

元金（初期投資資金）

300万円
100万円
50万円

トレード頻度

数カ月に一度
ほぼ毎日

www9945
300万円～

今亀庵
100万円～

山下勁
100万円～

相場師朗
50万円～

愛鷹
25万円～
ただし追加入金必須

テレワークが推奨される昨今、本書は、金融資産を1億円保有するいわゆる「億り人」を株式投資で目指すために、おうちでのトレードに必要な知識や手法を学べる本になります。教えてくれる5人の投資家の皆さんは、リアルな「億り人」であり、たくさんの「億り人」を世に輩出してきた講師として活動する方もいます。

投資はよく山登りに例えられます。「億り人」という高い山を登るには、スタート地点となる「元金」と、登頂ルートにあたる「投資手法」が無数に存在します。今回登場する投資家さんの手法も、まったく異なるものであったり、似ていても違うところがあったりします。

各章のはじめには、各投資家が想定する初期投資資金額である「元金」と、その「手法」が記載されています。それを見て、自分の現状に近い人を選んで読むもよし、まったく知らない未知の手法

■各章冒頭の概要でポイントをつかむ

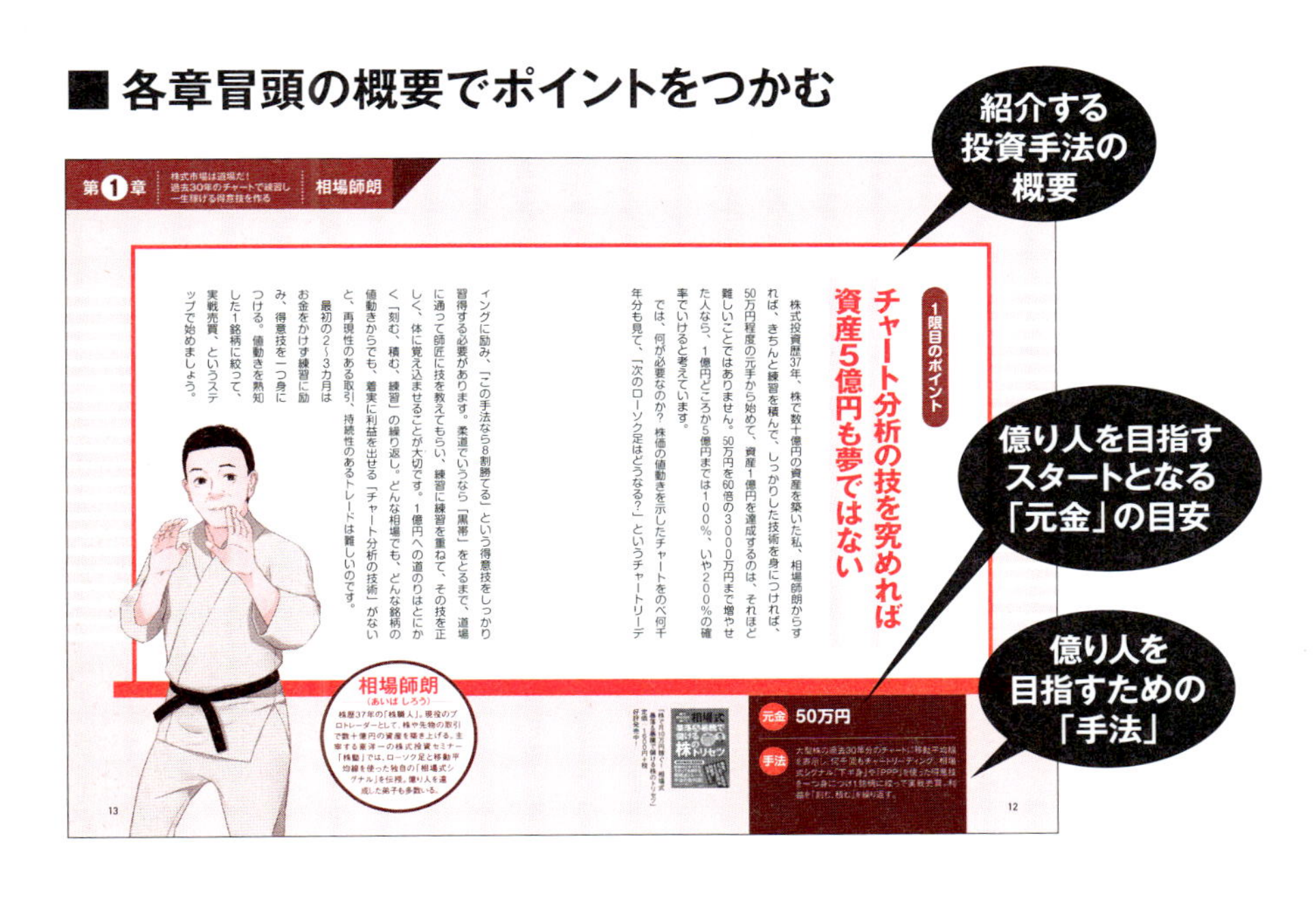
第1章　株式市場は道場だ！
過去30年のチャートで練習し
一生稼げる得意技を作る　相場師朗

1限目のポイント

チャート分析の技を究めれば
資産5億円も夢ではない

株式投資歴37年、株で数十億円の資産を築いた私、相場師朗からすれば、きちんと練習を積んで、しっかりした技術を身につければ、50万円程度の元手から始めて、資産1億円を達成するのは、それほど難しいことではありません。50万円を60倍の3000万円まで増やせた人なら、1億円どころか5億円までは100%、いや200%の確率でいけると考えています。

では、何が必要なのか？ 株価の値動きを示したチャートをのべ何千年分も見て、「次のローソク足はどうなる？」というチャートリーディングに励み、「この手法なら8割勝てる」という得意技をしっかり習得する必要があります。柔道でいうなら「黒帯」をとるまで、道場に通って師匠に技を教えてもらい、練習に練習を重ねて、その技を正しく、体に覚え込ませることが大切です。1億円への道のりはとにかく「刻む、積む、練習」の繰り返し。どんな相場でも、どんな銘柄の値動きからでも、着実に利益を出せる「チャート分析の技術」がないと、再現性のある取引、持続性のあるトレードは難しいのです。

最初の2～3カ月はお金をかけず練習に励み、得意技を一つ身につける。値動きを熟知した1銘柄に絞って、実戦売買、というステップで始めましょう。

相場師朗
（あいば しろう）
株歴37年の「株職人」。現役のプロトレーダーとして、株や先物の取引で数十億円の資産を築き上げる。主宰する東洋一の株式投資セミナー「株塾」では、ローソク足と移動平均線を使った独自の「相場式シグナル」を伝授。億り人を達成した弟子も多数いる。

元金　50万円

手法　大型株の過去30年分のチャートに移動平均線を表示し、何千回もチャートリーディング。相場式シグナル「下半身」や「PPP」を使った得意技を一つ身につけ1銘柄に絞って実戦売買。利益を「刻む、積む」を繰り返す。

13　12

から読むもよし、先頭からじっくり読むもよし。さまざまな読み方ができる本となっています。

「億り人」という高い山は、簡単にたどり着ける場所ではありませんから、この本を読んだ誰しもがたどり着けるとは限りません。しかし、さまざまな登頂の仕方があり、自分にはどんな手法が向いているのか、それを知る手掛かりにはなるはずです。

投資手法をそのまま真似る必要は必ずしもないかもしれません。登場する投資家の皆さんも試行錯誤をして、現在の手法にたどり着いています。自分の性格や、得意・不得意を考慮して手法にアレンジを加えていくというのも、本書の活用法の一つになると思います。

「億り人」は投資をするものならば誰しもが憧れる場所。その頂きに少しでも近づく一助になれば幸いです。

【主な株式用語】

ローソク足

一定期間の相場の4本値(始値、高値、安値、終値)を1本の棒状の図にしたもの。基準となる時間帯に売買された価格情報が一つにまとめられているため、値動きをつかみやすいのが特徴。

移動平均線

ある一定期間の株価の平均値を線グラフで表したもの。期間が5日(5日平均線)であれば、4日前、3日前、2日前、1日前、当日の終値を足して5で割った平均値を毎日計算して、結んで作る。

PER

「Price Earnings Ratio(株価収益率)」の略。一般的には、株価÷1株当たり利益(EPS)で計算する。株価が割安か割高かを判断する際の代表的な指標。低いほうが割安。

PEGレシオ

「Price Earnings Growth Ratio」の略。企業の中期的な利益成長率を加味して株価の水準を測る指標。PERを1株当たりの予想利益成長率で割って、1倍以下なら割安、2倍以上なら割高とされる。

PTS

「Proprietary Trading System(私設取引システム)」の略。夜間取引サービスなどが特徴。日本では、「ジャパンネクストPTS」と「チャイエックスPTS」の2つが存在する。

順張り投資

値上がりの最中に買って、値下がりしないことを確認。含み益状態にすることが重要で一定の含み損が出たら機械的に損切をする。逆張り投資に比べ、取引回数は多くなる傾向がある。

逆張り投資

値下がりの最中もしくは安値で放置されているときに買って、値上がりを待つ。値下がり時は大底で買うのは難しいので、含み損の状態が続くことがある。評価が戻るまで時間がかかることも。

新高値

相場が上昇して過去の高値を超えたときの値段のこと。その銘柄の上場以来の高値を「上場来高値」、その年の高値を「年初来高値」、昨年以降の高値を「昨年来高値」という。

追証(おいしょう)

「追加保証金」の略称。信用取引の含み損や、担保にしている株の値下がり等によって委託保証金率が下がることにより発生する。委託保証金を追加で差し入れなければならない状態。

一目均衡表(いちもくきんこうひょう)

売り買いの均衡が崩れたときに相場は動くので、どちらが優勢かを一目で知るための相場分析手法。昭和初期に細田悟一氏(ペンネーム=一目山人〈いちもくさんじん〉)によって開発された日本発の手法。

抵抗帯

株価の上昇が跳ね返されやすい価格帯のことで「レジスタンス」とも呼ぶ。過去の高値から算出されることが多い。株価上昇を期待して一度高値をつけたが、その後下落してしまった価格帯のこと。

支持帯

サポートライン付近の価格帯のこと。このライン近くまで値下がりすると下げ渋り、株価が反転することが多い。ただ、支持帯を抜けて下落した場合には、下げが加速する場合もある。

テンバガー

英語表記は「Ten Bagger」。株価が10倍以上となった大化け株のことで、語源は野球用語。1試合で10塁打という驚異的な数字を意味し、それが転じて、株価が10倍になる呼び名となった。

第1章

1限目
株式市場は道場だ！過去30年のチャートで練習し一生稼げる得意技を作る

講師◉相場師朗先生

1限目のポイント

チャート分析の技を究めれば資産5億円も夢ではない

株式投資歴37年、株で数十億円の資産を築いた私、相場師朗からすれば、きちんと練習を積んで、しっかりした技術を身につければ、50万円程度の元手から始めて、資産1億円を達成するのは、それほど難しいことではありません。50万円を60倍の3000万円まで増やせた人なら、1億円どころか5億円まででは100%、いや200%の確率でいけると考えています。

では、何が必要なのか？ 株価の値動きを示したチャートをのべ何千年分も見て、「次のローソク足はどうなる？」というチャートリーデ

元金 50万円

手法 大型株の過去30年分のチャートに移動平均線を表示し、何千回もチャートリーディング。相場式シグナル「下半身」や「PPP」を使った得意技を一つ身につけ1銘柄に絞って実戦売買。利益を「刻む、積む」を繰り返す。

ィングに励み、「この手法なら8割勝てる」という得意技をしっかり習得する必要があります。柔道でいうなら「黒帯」をとるまで、道場に通って師匠に技を教えてもらい、練習に練習を重ねて、その技を正しく、体に覚え込ませることが大切です。1億円への道のりはとにかく「刻む、積む、練習」の繰り返し。どんな相場でも、どんな銘柄の値動きからでも、着実に利益を出せる「チャート分析の技術」がないと、再現性のある取引、持続性のあるトレードは難しいのです。

最初の2～3カ月はお金をかけず練習に励み、得意技を一つ身につける。値動きを熟知した1銘柄に絞って、実戦売買、というステップで始めましょう。

相場師朗
（あいば しろう）

株歴37年の「株職人」。現役のプロトレーダーとして、株や先物の取引で数十億円の資産を築き上げる。主宰する東洋一の株式投資セミナー「株塾」では、ローソク足と移動平均線を使った独自の「相場式シグナル」を伝授。億り人を達成した弟子も多数いる。

ファンダメンタルズは必要なし
勝率8割のチャート分析のみで勝負

7年で50万円を1億円まで増やすプラン

相場式の株式投資を実践して、50万円の元手を1億円に増やすプランを左の図1に紹介しました。

相場式で使うのは、「ローソク足チャート」と「移動平均線」のみ。ローソク足は、始値、終値、高値、安値という4つの価格を1本のローソク型の棒の中に表現したグラフです。

移動平均線は、ある期間の株価の値動きの平均値を結んだ線です。

まずは、5日、20日、60日、100日という短期・中期・長期移動平均線も表示したローソク足チャートを過去30年分×100回、のべ3000年分は必ず見て、株価の値動きのパターンを頭に叩き込む。これが、相場式株式投資の「はじまり、はじまり」になります。

そして、さまざまな相場式売買シグナルから一つ、得意技を見つけて、「これなら8割勝てる」という自信がついたら、実戦売買を開始。50万円を1億円まで増やすことを目指します。

■図1 相場式プラン「元手50万円を7年で1億円に増やす」

最初の2～3カ月

お金を投じないで練習。「チャートリーディング」を1銘柄30年分×100回行う

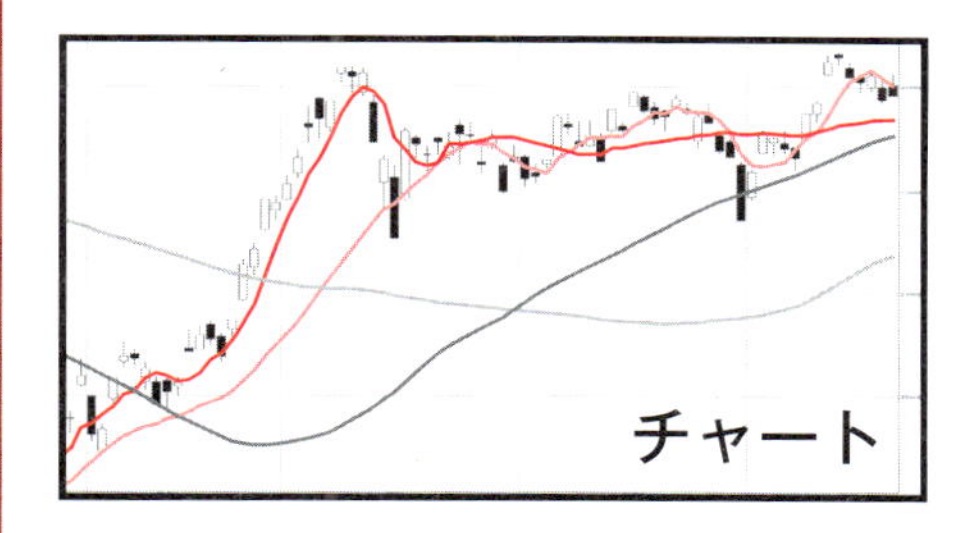

①値動きをゆっくり見る
②未来を隠して予想
③売買シグナル点灯を確認
④得意技を見つけて検証

実戦売買を開始

○1～2銘柄に絞って「PPP（パンパカパン）」で取引
○勝率8割を目指す。2割の失敗にもルールを作って対処
○3～6カ月後にいったん取引を止めて反省⇒練習

50万円を3000万円に増やす

○取引が上達したら、銘柄を増やすのではなく取引数量を増やす
○監視銘柄を10ぐらいに増やしチャンスのある銘柄で取引

6～7年で1億円達成

○50万円を3000万円まで増やせたら同じことの繰り返しで1億円、いや5億円まで増やせる

大切なのは熱意、努力、鍛錬

実戦で使う得意技は相場式シグナルの中でも、最も初心者向きといえる「PPP（パンパカパン）」。上昇トレンドが完成した銘柄だけを狙う売買法をお勧めします。この手法の勝率は、およそ8割。8割の成功だけではなく、2割の失敗のとき、潔く撤退して大ケガしないための「失敗ルール」もきちんと決めて、心と体に覚え込ませることも大切です。

相場式株式投資はとにかく「値動き」があれば、いつでも儲けられるので、取引するのは「この株の値動きは自分と相性がいいな」という1銘柄で十分です。技も一つ、銘柄も一つ、とことん究めるほうが、あれこれ目移りするよりも、効率よく腕を磨くことができます。

ちょっとうまくなったら、観察する株を10銘柄ぐらいまで増やして、その中からチャンスが来た2、3銘柄で取引してみる、というぐらいまでは、銘柄の幅を増やしてもいいでしょう。

一つの得意技だけを究めて、値動きから利益を「刻む」、その利益を「積み上げる」という「刻む、積む」を果てしなく繰り返します。1億円達成までの想定期間は6～7年。元手50万円を3000万円まで増やせたら、1億円、いや5億円までは同じことの繰り返しで大丈夫。当然ですが、資産の伸び方は、最初はゆるやかで、投資金額が増えるほど加速度がついていくことになります。

2～3カ月の練習期間はとても重要

と、ここまでお読みになって、皆さんは「おっ、なんだか、簡単に1億円儲けられそうだ……」

と、その気になったかもしれません。もしそうだとしたら、オトナになって、お教えします。

「この本を読んだだけで、株で1億円儲けられるなんて思ったら甘いですよ」と。

一番、大切なのは「道場に通い続けること」です。

すなわち、チャートリーディングの練習を日々繰り返し、トレード技術に日々、磨きをかけること。練習、練習、練習、鍛錬、鍛錬、鍛錬を、熱意を持って継続できる人だけが、資産1億円を達成できます。努力すれば必ず報われるのです。

たとえば、新規上場したＩＴ企業の株を買ったら、あれよ、あれよと株価が上昇して、50万円の元手が、５００万円まで10倍に増えた、というのは単なる「まぐれ」です。

柔道でも空手でも合気道でもそうですが、白帯から始めて、新たな帯を取得したり、級や段位を上げるためには、「最低でも、50日以上、道場に通って練習しないとダメ」といった物理的な日数が定められているほどです。

本を少し読んだだけの知識で、いきなり実際のお金を投じても、なかなか勝ち続けることはできません。それは柔道を習い始めた、その日に、いきなり誰かに柔道の技で喧嘩をしかけるようなもの。当然、技なんて身についていませんから、負けるでしょう。

そのとき、「やっぱり柔道の技って使えないんだ。柔道って弱いんだ」という人がいたら、皆さん、どう思いますか？「弱いのは、柔道じゃなくて、あなたのほうです。まだ、基礎も身についていないうちから、実戦を始めたら、負けるに決まってる」と、柔道を知っている方なら言い返すでしょう（武道を究めた人はそもそも喧嘩しませんが……）。それと同じように株式投資でも、いきなり実戦を開始するのではなく、最低、2〜3カ月は練習期間に充てるべきです。

おうちトレード・巣ごもり投資の注意点とは？

コロナの影響でリモートワークやステイホームを強いられた人の中には、巣ごもり消費ならぬ「巣ごもり投資」に目覚められている方も多いと聞きます。

そのせいで、ネット証券会社の新規口座開設数は過去最高を記録。株式市場でも「日経新聞に記事が出ると、株価が上がる」という現象が起こっています。

なぜなら、〝おうちトレード〟が非常に盛り上がっていて、初心者が「日経新聞にいいことが書いてあった企業の株は必ず上がるはず」と、大量の買いを入れているからです。

100万円しか元手のない初心者でも、1万人が一斉に買いを入れれば、その総額は100億円。新興市場の規模が小さい会社の株なら、株価は瞬く間に2倍になってもおかしくありません。

しかし、ビギナーズラックで儲かった初心者の方が軽視しがちなのが、利益確定です。「日経新聞に書いてあったら、株は上がるもの」と、ナイーブに買いだけで勝負している初心者の方は、何度か成功体験を得ると、「株はどんどん上がるもの」と信じ込んでしまうものです。

そのため、まだまだ上がると欲張って、利益確定が遅れがちになるのです。

そんな初心者の投資行動を見て、「意地悪な」株のプロたちは、損失を抱えていたポジションを、ここぞとばかりに売りに出したり、ニュースになる前から仕込んでいた株を、初心者の買いで株価が急上昇したときに売り浴びせたり、初心者の方々が「カモ」にされる相場状況が、今後はますます増えていきそうです。

「株は上がったら、必ず下がる。なぜなら株を買った人は、必ず利益確定するから」という株式投資の「鉄の掟」を頭に入れてください。この「利益確定行動」がわかっていないと、株価がなぜ上がったり下がったり、上下動を繰り返すのかも理解できません。

初心者にわからない株価の「意地悪な習性」とは？

株の投資法には、私のようなチャート分析だけを使う手法だけでなく、「ファンダメンタルズ分析」という手法もあります。

先述した、「日経新聞にいいことが書いてあったら株は上がる」という初心者の思い込み同様に、「株というのは業績がよければ上がり、悪ければ下がる」というのが、ファンダメンタルズ分析の基本的な考え方になっています。しかし、その「勝利の方程式」が、実際にはまったく通用しないことを、今回のコロナショックは私たちに教えてくれました。

たとえば、次ページの図2は298円均一の焼き鳥チェーンを展開する鳥貴族の株価です。

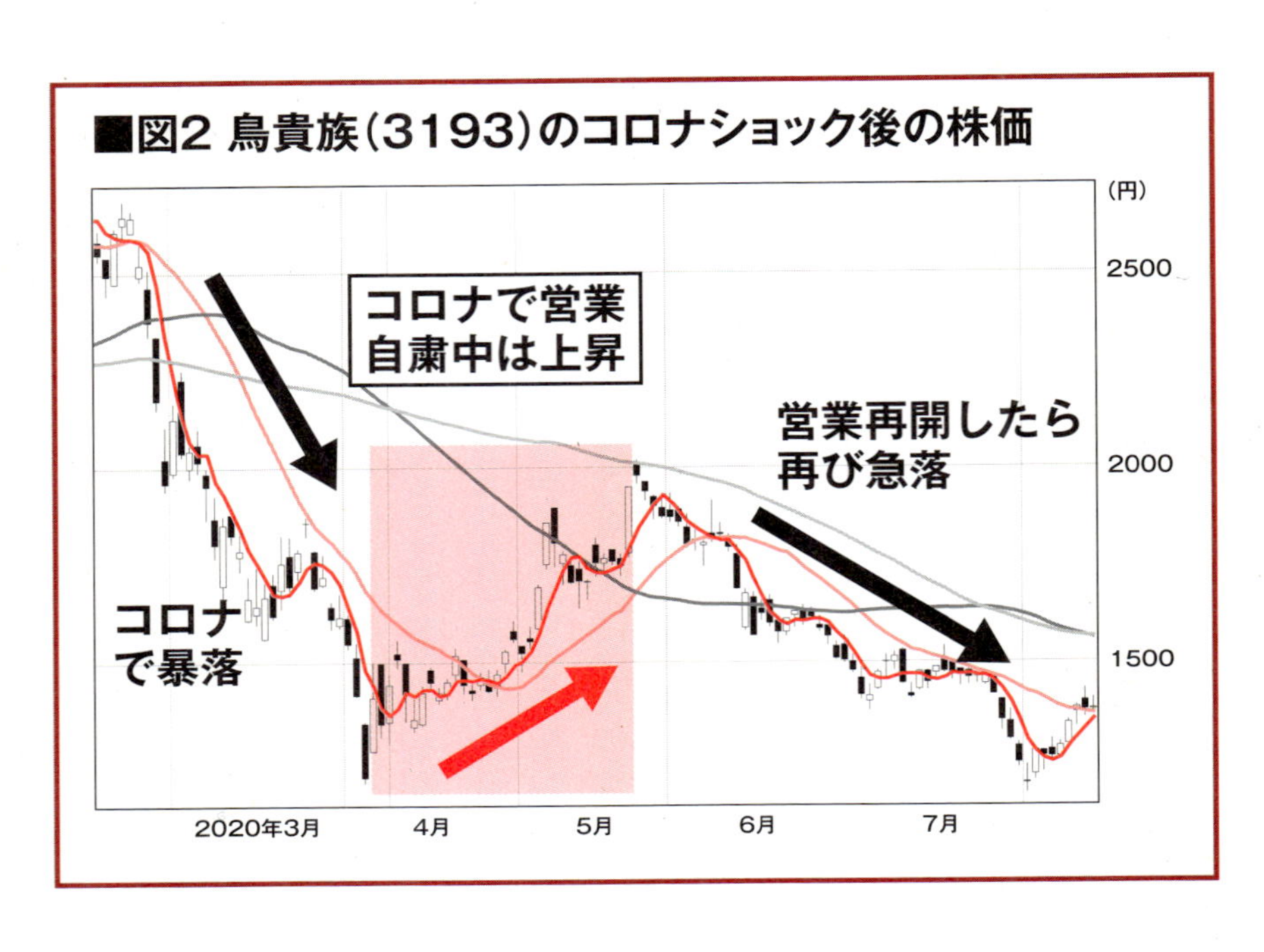

鳥貴族は新型コロナウイルス感染者の急増で政府が緊急事態宣言を発令した2020年の4月初旬、直営店全店の営業を停止しました。

焼き鳥チェーンにとって店舗こそ売上の源泉。その店舗を閉めるというわけですから、直営店に限っては売上高がゼロ。店長さんも含め800人近くいる正社員の給料を払い、店舗の家賃も払いながら、新たな現金は入ってこない……。

ファンダメンタルズから見たら、売上高ゼロになった4月以降の鳥貴族の株は「暴落以外あり得ない」はずです。

しかし！ 図2の鳥貴族の株価を見ればわかるように、3月のコロナショックで大きく下げた株価が、全直営店休業を発表した4月以降、じわじわと上がっているではありませんか。

これを見た初心者の中には、「すでに株価も大きく下がったし、休業中にもかかわらず株価が上がっているんだから、この先、休業していた店舗が営業を再開して、売上が戻れば、もっと上がるぞ。ここは絶好の仕込み時だ」と喜び勇んで、鳥貴族の株を買いに走った人もいたでしょう。

実際、鳥貴族は、政府が5月25日に緊急事態宣言解除を発表した前後に店舗を再開します。にもかかわらず、再び、しかしっ！ファンダメンタルズからいえば、店舗再開で消滅した売上が戻ってくるのは、株価にとっては朗報以外の何物でもありません。しかし、株価は緊急事態宣言が解除された翌5月26日を最高値に、再び半値近くまで暴落しているではないですか。「店舗休業でも上がっているんだから、ここで仕込んで、店舗再開後の株価急騰を狙うぞ」なんて勢い込んでいた初心者の方々は見事にダマされてしまったことになります。

「株は噂で買って、事実で売れ」という投資格言もあります。プロが小難しく考えるファンダメンタルズを個人投資家がひねくり回しても、儲からない典型例になってしまいました。

「この会社は業績がいいから、必ず上がる」といったファンダメンタルズを信じて株に投資するのは「宝くじ」を買うようなもの。一度当たったからといって、次も当たるかどうかはまったくわかりませんし、当たるか当たらないかがわかるのに時間が必要です。10年後に10倍になる「かもしれない」株を保有して、結果がわかるのが10年後だとしたら、多くの場合、その10年間はまったくの無駄、時間の浪費になってしまいます。

チャートを使った短期売買で利益を「刻む、積む」ほうが、1億円への道は近いのです。

相場式のターゲットになる銘柄とチャート分析の基礎

狙うのは時価総額5000億円、出来高300万株超

どんな企業の株価も毎日、上がったり下がったり、値動きを繰り返しています。

株で儲けるためには、「好業績」だとか「新製品を発売した」とか「リモートワークという今の時流に乗っている」といった銘柄探しの必要はありません。

「安く買って高く売る」ことが株式投資で儲けるための〝すべて〟なので、値動きさえあって、取引しやすければ、基本、どんな株を取引しても構いません。

ただし、同じ値動きでも、多くの投資家が売買に参加して、大量の投資資金がやり取りされている株でないと、肝心の値動きに安定感や再現性が生まれません。

株価が2倍、3倍、10倍と、まるで手品のように上がる株には「種も仕掛けも」あります。

そういった株は、「発行済み株数×株価」で計算する「時価総額」の小さな会社に多いのです。

新興企業がひしめくマザーズ、ジャスダックといった市場では、時価総額が最低基準の10億円前後という株も多く、ある特定の株主などが10億円の資金で買い上げれば、いとも簡単に株価が倍になります。特定の個人や一部の投資ファンドの売買だけで値動きが「操作」されてしまうような銘柄は、いくら過去のチャートを見ても、今後の値動きを予想できません。ある特定の投資家の気分や懐事情で、株価が不規則に動くからです。そのため、相場式株式投資のターゲットは、

●時価総額5000億円以上
●日々の出来高300万株、平均売買代金でいうと20日平均で最低30億円以上
●信用取引の「貸借銘柄」に指定され「カラ売り」もできる

といった、一部の投資家だけでは「価格操作」ができない大型株をターゲットにしています。

買いだけでなく売りでも儲けることでチャンスは2倍に！

「信用取引」とは、証券会社に30万円以上の証拠金を預けて、そのお金を担保に、証券会社などからお金や株を借りて、株を買うだけでなく、株を最初に売ることもできる制度です。

信用取引の売りは「カラ売り」と呼ばれ、売った価格よりも株価が下がったときに買い戻すと、その差額が利益になります。信用制度を使って信用買いしかできない銘柄は「信用銘柄」と呼ばれ、信用買いとカラ売りの両方ができる銘柄は「貸借銘柄」と呼ばれます。

「株は上がったり下がったりする」というのが、値動きの本質です。その値動きすべてを利益にするためには、株を買うだけでなく、カラ売りすることで株価が下がったときに利益が出る術を手に入れている必要があります。でないと、利益の半分をみすみす逃すことになってしまうのです。

機関投資家が大量の資金で売り買いしている日経平均株価（別名・日経225と呼ばれ、日本を代表する優良銘柄225社で構成）やJPX日経400に採用されている銘柄なら、ほぼすべてが貸借銘柄なので、これらの指数採用銘柄が相場式のメインターゲットになります。

「上がっている株は買い、下がっている株はカラ売り」。初心者の方はまず買いだけでも利益を出せるようになってからで結構。買いの取引がうまくなって、自信がついたら、ぜひ信用取引口座を開設して、買いだけでなくカラ売りもできる投資環境を整えてください。

信用取引の場合、元手の3倍以上の投資金額まで取引可能ですが、あくまで元手の範囲内で売買している分には、現物株口座で株を買う取引とリスクは変わりません。

チャートリーディングの方法とは？

相場式では練習、練習、鍛錬、鍛錬と口を酸っぱくしていっていますが、その練習法にあたるのが相場式オリジナルの「チャートリーディング」です。

チャートリーディングは、柔道や合気道の受け身の練習と同様に、カンタンなようで奥が深いもの。

まずは過去30年近い値動きを見ることができる株価チャートツールを入手しましょう。私が主催する「株塾」に入会すれば、30年分のチャートに相場式シグナルが自動表示される「ＳＨＩＲＯ指標」というツールが使えますし、パンローリング社が提供している「チャートギャラリー」という株価ツールでも、30年分のチャートを見ることができます。

チャートツールを手に入れたら、とにかく一つの銘柄の日足チャートを30年分、表示して、最初から最後まで、穴が空くほど、何度も何度も繰り返し眺めてみてください。

「あっ、株価ってこういうふうに動くんだ」、「上がったあとは、やっぱり下がるんだ」、「下がったあとは、すぐ上がらずに、少し横ばったあとに上がることが多いぞ」。

発見と気づきが、いっぱいあると思います。このチャートリーディングをどれだけ楽しめるか、どれだけ、おもしろい、わくわくすると熱中できるか。それがチャートだけを見て、１億円を稼ぎ出すためには必要不可欠です。

一通り、過去30年分の値動きを見たら、次は「翌日のローソク足がどうなるかわからない」という状態で、「さぁ、次の日にどんなローソク足が出るか」を、これまでの値動きや移動平均線の傾き、並び、株価との位置関係を使って、予想しながら、１本１本、30年分、順々に表示していってください。この「ローソク足めくり」を続けることで、「ああいう値動きが起こったら、次はこういう値動きになる」というパターンが自然と頭の中に思い浮かぶようになります。

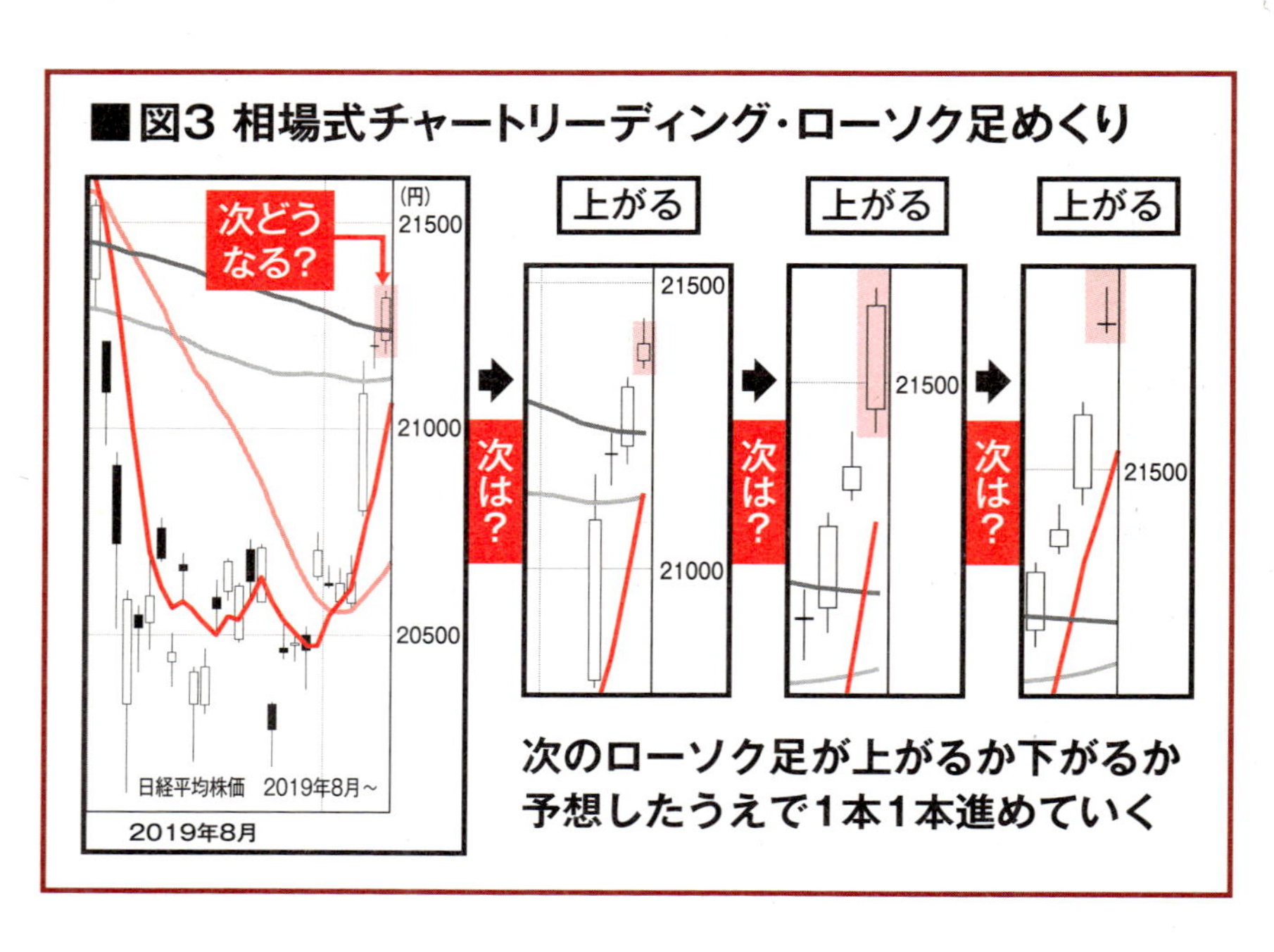

図3にローソク足めくりのやり方を表示しました。皆さんも1本1本ローソク足をめくっていって「次、どうなるか?」「当たったか、外れたか?」「どうして当たったのか、外れた理由はあるか?」などを細かく考えながら、トライしてみてください。

さらに、私がこれまで出版した本には「下半身」「ものわかれ」「くちばし」「N大」「PPP」など、さまざまなオリジナルの売買シグナルが紹介されています。こうしたシグナルが点灯しているかどうかを確認できるか、点灯が確認できたら、その通りになるかどうか、ならなかった場合はどうしてならなかったのか、値動きとシグナル発生の関係性についても何度も何度も見ていきます。

1銘柄の30年分のチャートを10回見たら、のべ300年分。100回、丹念に見たら、3000年分――それだけの値動きをあなたは「追体験」

したことになります。3000年分の蓄積ができたら、もう実戦でも怖くありません。

初心者のための「ローソク足と移動平均線」講座

この本はまったくの初心者の方も読む想定になっているので、チャートリーディングといっても「ローソク足って何？」「移動平均線って何？」という方も多いと思いますので、その説明をしておきましょう。

まずはローソク足。

その最大の特徴は、基準となる時間帯の最初に売買されたときの価格（「始値」）、期間中の「高値」と「安値」、そして取引終了時点の「終値」という4つの価格情報が1本のローソク足にぎゅっと凝縮されて詰まっていることです。

ローソク足ではなく、点と点を結んだだけの折れ線グラフを使った場合、あとから振り返っても、その日の終値でしか過去の値動きを判断できません。

ローソク足チャートの場合、次ページの図4に示した陽線なら「安く始まって、いったんさらに下がったものの、そこから上昇して高値をつけたあと、少し下がって終わった」などと、あとから値動きの細部を振り返ることができます。

図4の陰線なら、「最初、高く始まって大きく上昇したものの力なく失速。そのまま大きく下げ

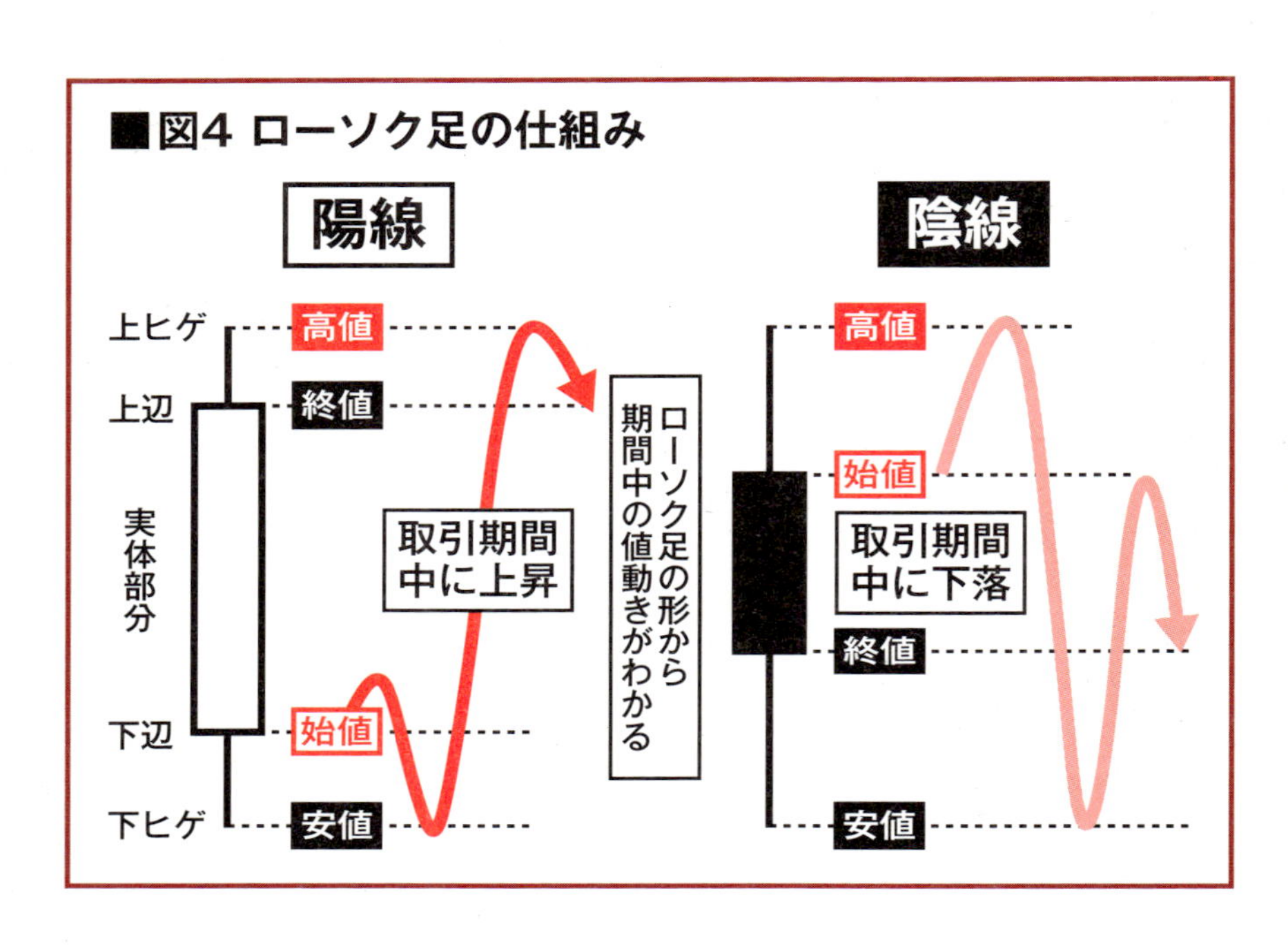

たものの、かなり戻して終わった」といった値動きの推移を、「面」でとらえることができます。

ローソク足は、始値が安く終値が高く、期間中に株価が上昇している場合は白や緑の「陽線」、反対に始値が高く終値が安く株価が下落したときは黒や赤の「陰線」で色分けして示します。

ローソク足の実体部分から突き出した「上ヒゲ」「下ヒゲ」などからも、株価の勢いがわかります。

上ヒゲが非常に長いローソク足は、株価が高値にトライしたものの、上昇の勢いが失速して力なく下げて終わったことを示すので「株価の勢いが弱い」と判断。

逆に、下ヒゲが長いローソク足は、いったん下ヒゲ先端まで売り込まれたものの、安値圏で買い手が出現して、勢いよく株価が戻したことを示しています。

■図5 移動平均線は「傾き」「株価との位置」「並び」に注目

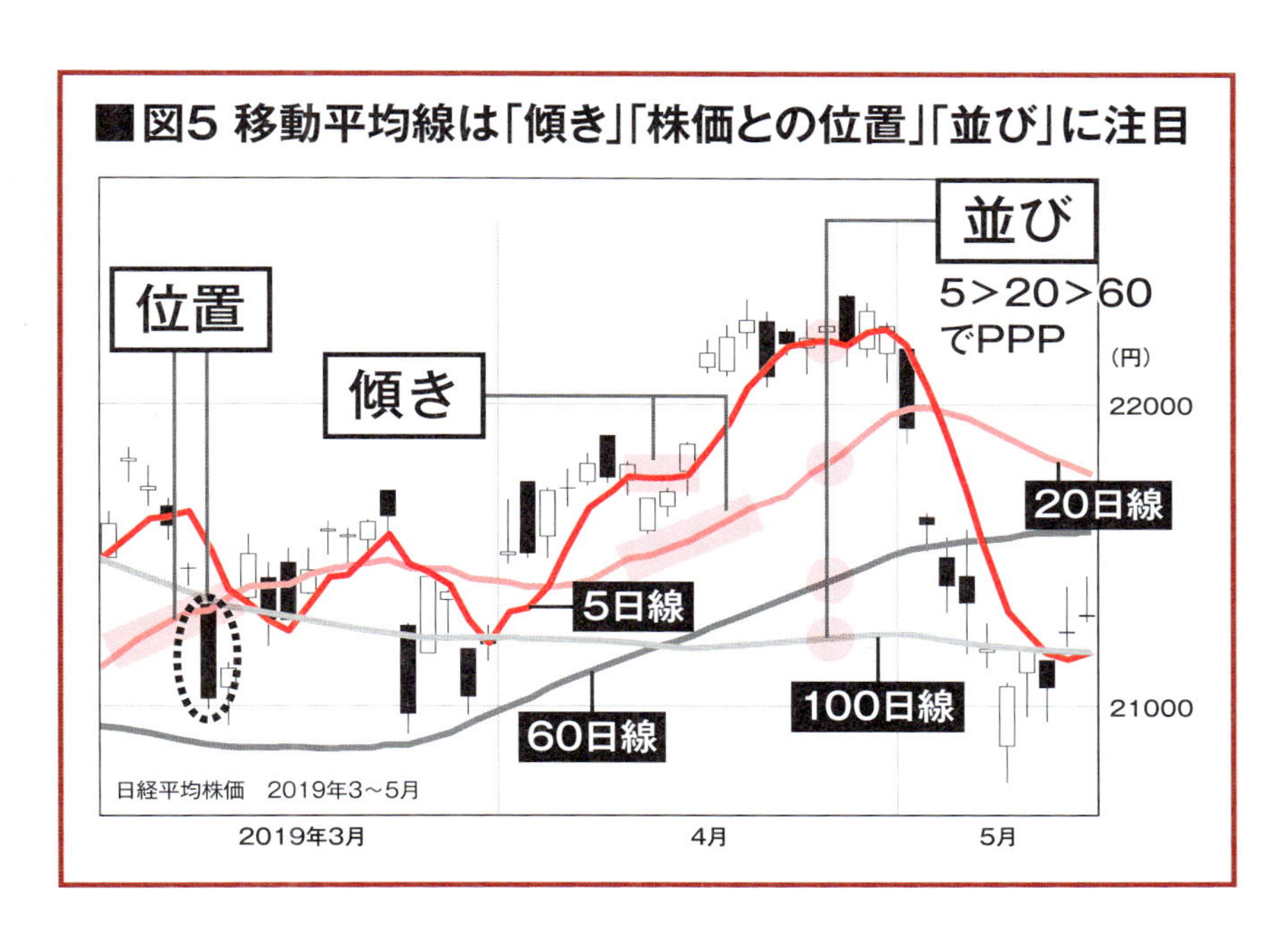

複数のローソク足を組み合わせて観察すれば、その状況、状況で投資家が何を考え、買い手と売り手がどのように戦い、結局、最後はどちらが勝ちそうで、どっちの側に便乗すると儲かるか、「細部のニュアンス」や「局面のディテール」を想像できるようになります。

相場式株式投資に必要不可欠な「移動平均線」（図5）についても触れておきましょう。

「移動平均線」は、ある期間の株価の値動きの平均値を計算して、それを結んだ線です。

5日移動平均線なら、4日前の株価の終値、3日前の終値、2日前の終値、1日前の終値に本日の株価の現在値（その日の取引が終了したら終値）を足して5で割った平均値を毎日計算して、結んでいって作ります。

移動平均線で重要なのはその「傾き」、「株価との位置関係」「並び」です。

実際にチャートを見ればすぐにわかりますが、ローソク足というのはある意味、暴れん坊。ぱっと見て、今、株価が上がっているのか下がっているのか、全体像がわからないことがあります。

そんなときに便利なのが、移動平均線の傾き。移動平均線が右肩上がりのときは、期間中の株価の平均値がじわじわ上がっているので上昇トレンド、右肩下がりのときは平均値が下がっているわけですから下降トレンドと判断します。

傾きの次に見るのは、移動平均線と株価の位置関係です。株価が移動平均線を上に突き抜けたときは、過去の平均値を超えたわけですから、上昇の勢いが強いと判断できます。逆に移動平均線を株価が割り込んだときは、下降の勢いが強いと判断します。

また、株価が移動平均線の上にある間は、平均値より現在の株価が高いわけですから、その株をその期間中に買った平均的な投資家はみんな、儲かっていることになります。そのため、買いの勢いが強い、と判断できます。

反対に移動平均線が上で株価が下のときは、平均的な株の買い手はみんな損をしていて、株をカラ売りした人が儲かっている状態ですから、売り手優勢で下落の力が強いと判断します。

相場式の基本的な売買シグナル「下半身」とは?

この移動平均線と株価の位置関係の変化は、どの期間の移動平均線でも重要ですが、中でも、5

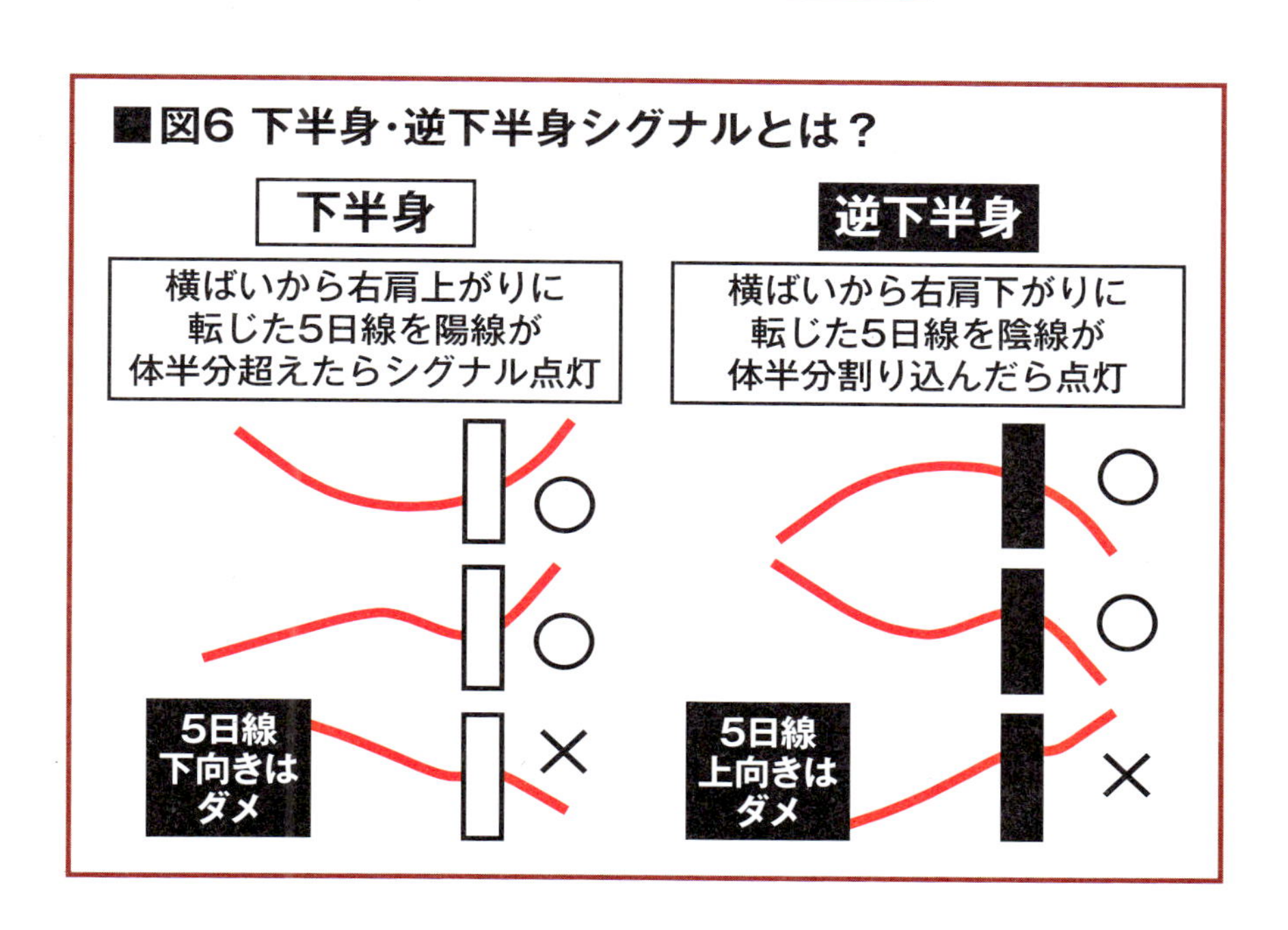

日という短期的な期間で起こる平均値と株価の逆転は、短期的な上昇や下降の勢いを知る重要な手掛かりになります。

そこで相場式では、ローソク足の5日線超え／割れを非常に重要な売買シグナルと見なし、独特の名称で呼んでいます。それが「下半身」「逆下半身」シグナルです（図6）。

「下半身」とは、それまで5日線の下にあったローソク足が陽線で体半分以上、5日線の上に勢いよく抜け出したときに出現するシグナルです。

株価が5日線の下にあったということは、これまで5日間の平均値を下回っていたということ。そこから5日線を超えて上に飛び出したら、下げ基調だった株価が上昇力を取り戻した証拠です。上昇の勢いが加速する瞬間を、最も早い初動段階でとらえたシグナルになるのです。

投資家の立場になって考えてみると、過去5日間に株を買って含み損を抱えていた「平均的な」株の買い手の損益が、株価の5日線超えで一気にプラス転換し、買い手の未来がパッと明るくなった瞬間といえます。そのため、下半身シグナルが出現すると、その後も5日線の上で陽線を連発することが多く、買いで勝負する大チャンスです。誰でも発見できる、わかりやすいシグナルなので売買がしやすい点も長所といえるでしょう。

むろん、下半身で買って成功するためには、そのときの5日線の傾きや長期・短期の移動平均線の並びも重要です。図6の一番下の例のように、5日線がまだ下向きのときに一時的に下半身で5日線を上回っても、下げの勢いが強すぎて、翌日には再び陰線で5日線を割り込んでしまうケースが多発します。

では、どんなときに成功するのか？ それは図7のように、5日線自体が横ばいか右肩上がりに転じて下げ止まり、じわじわと上昇に転じたところで、株価が5日線を上抜けていく形です。下半身シグナルの出現で5日線も完全に上向きに転じて、株価を追いかけるようにさらに上昇し続けたら、そのシグナルはホンモノ。買いを継続していれば、どんどん儲かります。

また、より長期間の20日移動平均線や60日線が右肩上がりで上昇中に、株価が一時的に下げて、5日線を割り込んだものの、再び、上昇に転じて5日線を下半身シグナルで上抜けたときも買いのチャンスです。見逃すわけにはいきません！

反対に、「逆下半身」はそれまで5日線の上にあったローソク足が陰線で体半分以上、5日線の下に抜ける形が基本形です。こちらの場合は、下向きに転じた5日線を株価＝ローソク足がストン

■図7 下半身・逆下半身の成功例

※●内の数字は移動平均線の日数

下半身
買
5
20
60
100
(円)
45000
任天堂 2020年5～6月
2020年5月
6月

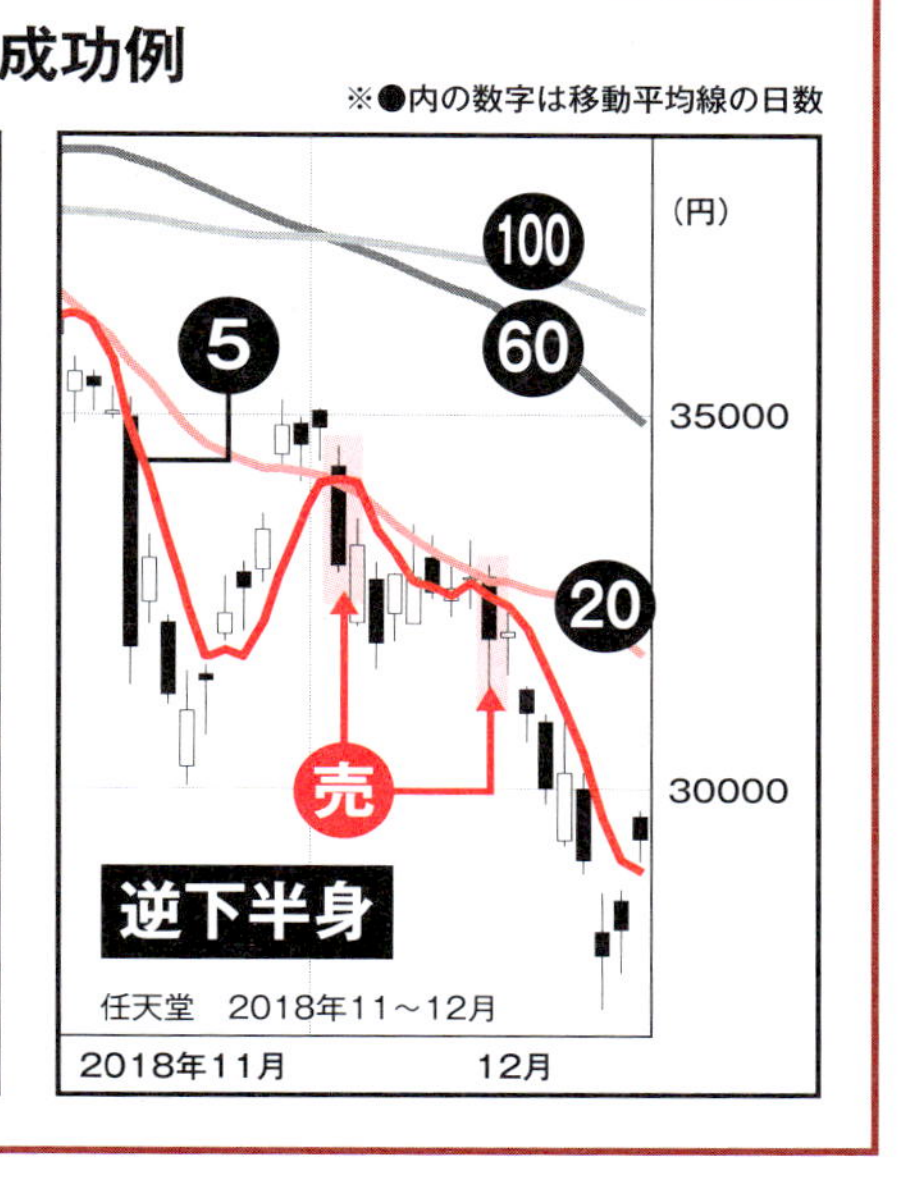

とまたいで下落する形なら、絶好のカラ売りチャンスに。より長期間の20日線、60日線も、きれいな右肩下がりなら、売買精度も上がります。

相場式株式投資ではこの下半身、逆下半身を実際のエントリーシグナルによく使います。

その日の株の取引時間が終了する直前、午後2時半〜午後3時の大引け間際に、ローソク足が5日線を陽線で超えて終わりそうなら買い、陰線で割り込んで終わりそうなら売りを入れます。

もしくは夜じっくり考えて、刻み、積み重ねた過去の値動きから、翌朝の寄り付きで買いを入れるのか売りを入れるのか分析し、判断を下します。そして、寄り付きでトレードを実行します。

いずれも実質的な売買に要する時間はたったの5分。相場式株式投資が日々の生活に大きな負担をかけることなく、長くこつこつ続けられる大きな理由です。

「PPP」でトレンドに乗る！

初心者にお勧めの相場式シグナル「PPP」「逆PPP」

相場式の売買シグナルには下半身・逆下半身のほかにもたくさんあります。

しかし、どんな人にも得意技もあれば不得意な技もあるはずで、そのすべてをマスターする必要はありません。初心者の方にお勧めしたいのは「ＰＰＰ（「パンパカパン」と読みます）」、「逆ＰＰＰ」というシグナルです。

「株を買ったら、どんどん利益を伸ばせるのがどんなときなのかが簡単にわかれば、初心者でもどんどん利益が出せて、株の取引が上達するんじゃないか？」という想いから考案したのが、移動平均線の並びに注目した株価のステータス分析「ＰＰＰ」です。

株価の上昇が長期間続いているとき、移動平均線の並びはどうなっている、と思いますか？

移動平均線というのは、期間の短いもののほうが株価のお尻を追いかけて素早く動く習性があります。そのため、株価の上昇が続くと、移動平均線の並びは5（日移動平均線）＞20＞60＞１００と、期間が短いものが上に来ます。この並びが永遠に続くようなら、株価もずっと上昇し続けてい

■図8 PPPの成功例

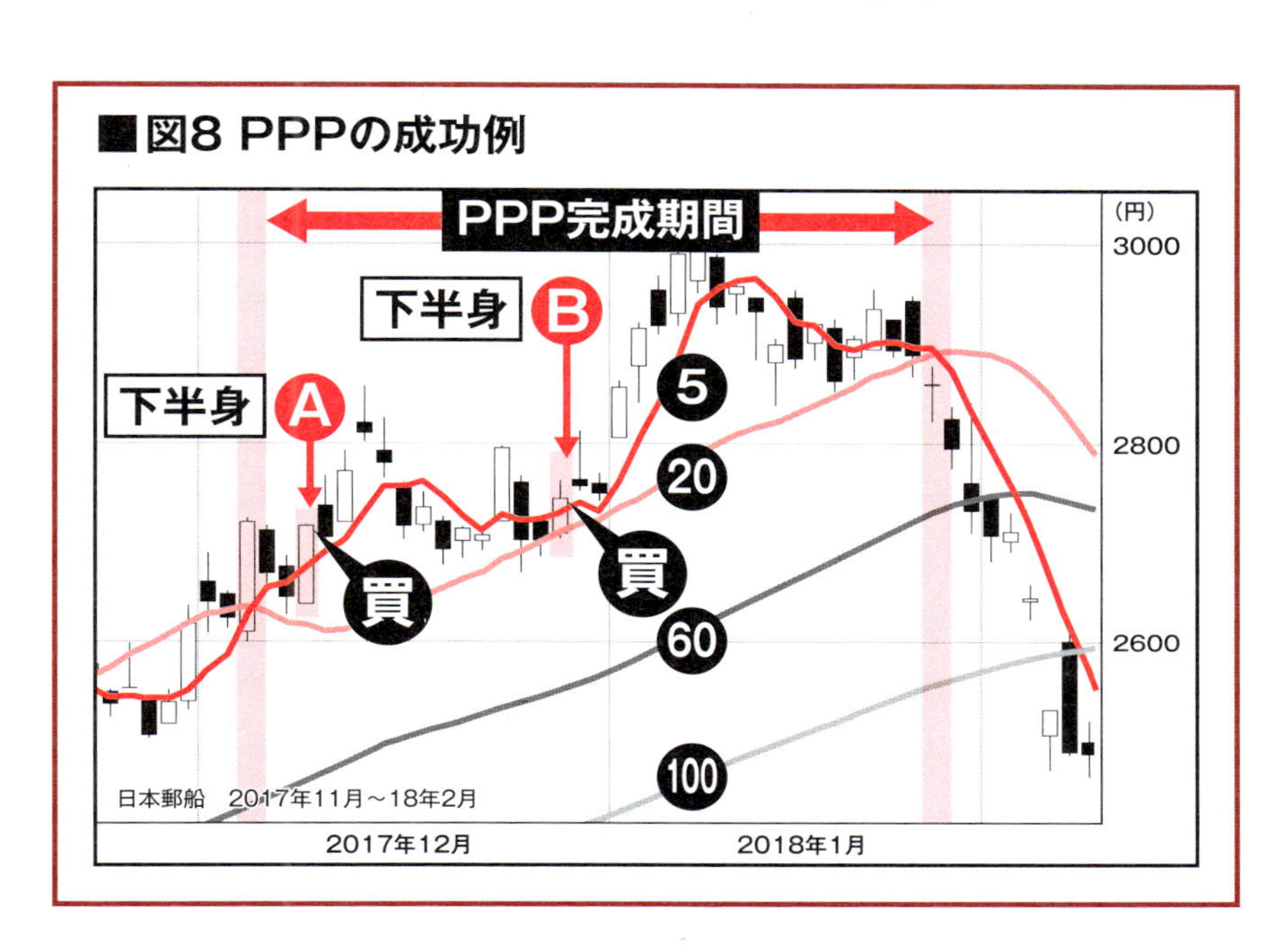

るわけですから、基本、いつ、どこで株を買っても儲かります。そこで、次のように定義しました。

●移動平均線が5＞20＞60＞100という上昇トレンドの並びになり、株価がパンパカパーンと威勢よく上昇しているときが「PPP」

●移動平均線が100＞60＞20＞5の並びになって、株価がガンガン下落しているときが「逆PPP」

図8は日本郵船の株価ですが、画面右で暴落するまで、移動平均線の並びがずっと5＞20＞60＞100のPPPになっています。PPPが完成した直後に、株価がいったん5日線を割り込んで下落したあと、再び上昇に転じた初動段階の下半身（図のA）は絶好の買いのポイントになります。

また、株価の下落に引きずられて、5日線が20日線前後で横ばいに転じたところで出現した下半身（図のB）も、直後の2日間は横ばいで推移したものの、その後、勢いよく上昇して成功トレードになりました。

はっきり言って、初心者の方は下手な鉄砲は撃たず、このパターンだけを狙って取引すれば8割方、成功するはずです。

ただし、その際に重要なのは、利益確定を忘れないこと。

PPPのときに出現した下半身で買いを入れた場合、利益確定のポイントはローソク足が5日線を割り込んで下落したときになります。多くの場合は逆下半身になりますが、5日線を割り込んで終わったら、たとえ陽線でも終値ベースでは5日間の平均値を割り込んでいるわけですから、利益確定したほうがいいでしょう。

また、ローソク足がかろうじて5日線の上にとどまっていても、5日線が上向きから横ばいになったか、上昇したローソク足の本数が9本目前後に達したらいったん利益確定してしまいましょう。「どんな株価の上昇や下落も、ローソク足9本前後続くと、いったん終わることが多い」という「9の法則」は過去、数万年分のチャート検証から、私が編み出したオリジナルの売買法です。

当然ですが、取引が失敗に終わった場合は、「こうなったら、失敗なのでポジションを切る」というルールもしっかり決めておかないといけません。

利益確定の基準とほぼ同じですが、下半身で買ったあと、再び、陰線で5日線を割り込む逆下半身が出現したり、陽線でも5日線を割り込んで下落したりした場合は、たとえ損失が出ていても切ります。

「PPの下半身で買い」の次は「逆PPの逆下半身で売り」

新型コロナウイルス感染症で株価が暴落した2020年2~3月にかけては、私が主催する「株塾」の生徒から、たくさんのメールや手紙が届きました。

「こんなに株が下がってしまった。どうしてくれるんだ」という抗議は皆無。その多くは「先生、これまでの人生の中で一番儲かりました!」、「たった1カ月で400万円も利益が出せました」、「株式投資ってこんなに簡単だったんですね」といった感謝や感動、歓喜のメールでした。

そうです! 相場式株式投資の基本は「上がったら買い、下がったら売って」、値動きすべてを利益に変えること。

初心者の方にはまだ早いかもしれませんが、2~3カ月の練習を積み、買いである程度利益を出せるようになったら、証券会社に信用取引口座を新たに開設して、カラ売りでも儲けられるようになりましょう。

今回のコロナショックでもわかるように、株というのは不思議と「上昇はこつこつ、じわじわ」「下落はドカン、ストン」となることが多いものです。なぜなら、基本的に株は生活必需品ではないので、買いたいと思う人はそれほど多くなく、じわじわ上昇して、「おっ、儲かりそうだな」と思う買い手が次第に増えていくことで、ゆっくりゆっくり上昇していくから、です。

一方、今回のコロナショックのように、世の中が危機に陥ると、株は目先の生活に必要なものではないので、誰もが我先に「株なんかいらない！」と売りに走るため、売りが売りを呼んで、株価の下落は「ドカン・ストン」型になりやすいのです。こうした売りのメカニズムがわかっていないと、買いでもうまくいかないことが多いのも事実です。

たとえば、左ページ上図9のチャートはコロナショック前後の日経平均株価ですが、株価の下落はときにナイアガラの滝のように急激なものになります。私の弟子たちにとって、この急落が「人生で一番儲かった瞬間」になったように、カラ売りは、一寸先は闇の株式市場の中で、自分の身を自分で守るための、強力な武器にもなるわけです。

そして、暴落がおいしいのは、そのあと、必ずといっていいほど、今度は激しい「リバウンド上昇」が起こるから。相場式株式投資で練習を積めば、コロナ暴落を売りでとったあと、次にリバウンド上昇を買いでとる、という手順が当たり前のようにできるようになります。

「逆PPPの逆下半身で売り」はドカン・ストンと下がる分、買いの場合よりも短期間で、大きな利益を出せるのも魅力です。

左ページ下図10のチャートは、通信会社・NTTの日足チャートですが、20日線が60日線を割り込んで逆PPPが完成した直後に発生した逆下半身（図のA）が売りの絶好のチャンスになりました。

逆PPP完成後、いったんローソク足が20日線を跳び越えたものの、しばらく横ばいが続いたあとに出た逆下半身Bでの売りは、非常にきれいな典型例なので目に焼きつけておきましょう。

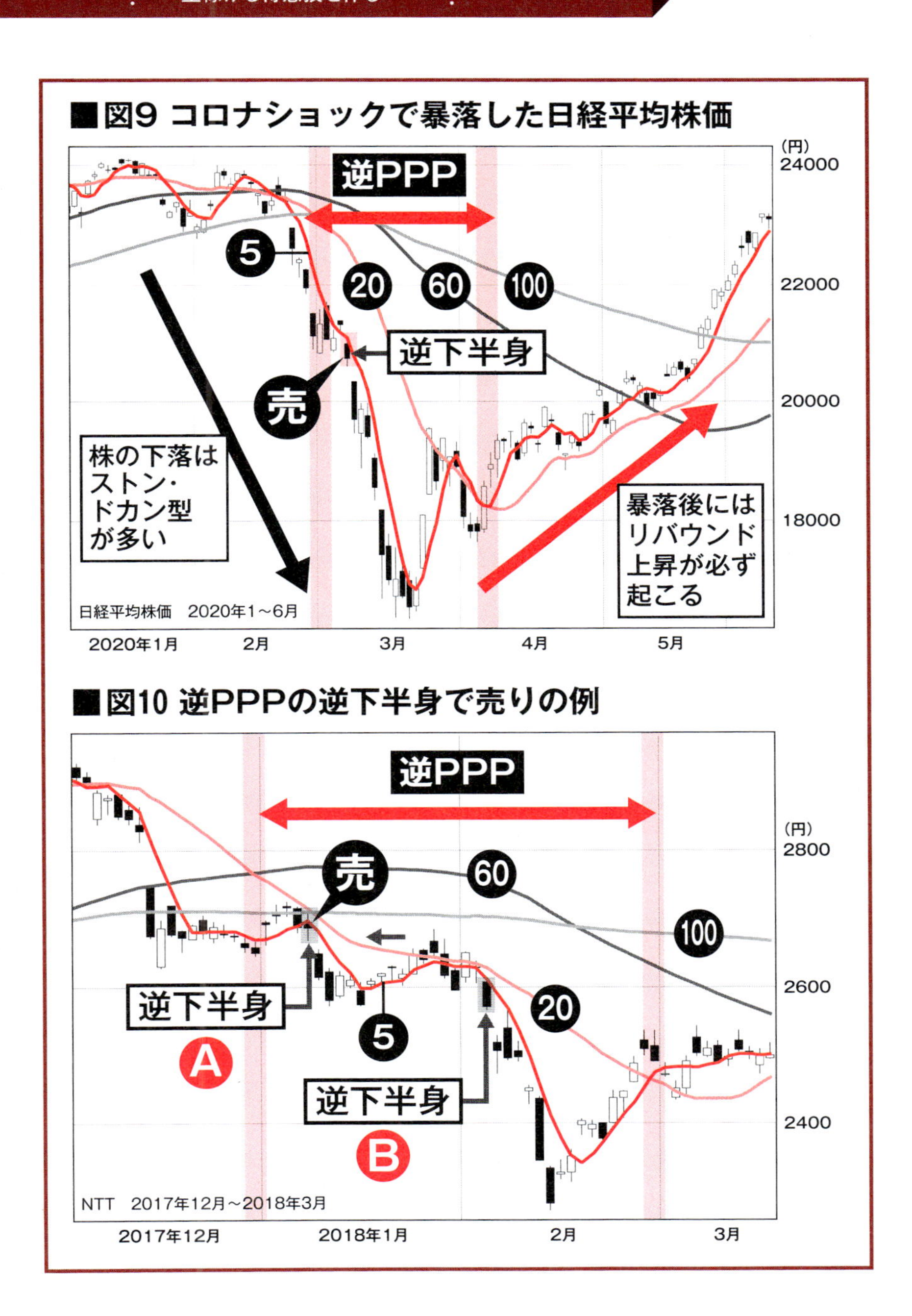
■図9 コロナショックで暴落した日経平均株価
逆PPP
5
20
60
100
逆下半身
売
株の下落はストン・ドカン型が多い
暴落後にはリバウンド上昇が必ず起こる
日経平均株価　2020年1～6月
(円)
24000
22000
20000
18000
2020年1月
2月
3月
4月
5月
■図10 逆PPPの逆下半身で売りの例
逆PPP
売
60
100
逆下半身
A
5
20
逆下半身
B
NTT　2017年12月～2018年3月
(円)
2800
2600
2400
2017年12月
2018年1月
2月
3月

相場式資金管理術。技と銘柄は絞り、取引株数を増やして利益を伸ばす

チャンスは4カ月に3、4回ぐらいしかないと心得る

テレビのワイドショーのように次から次と必勝法を渡り歩いて、「ああでもない、こうでもない」と目移りするせいで、肝心の技術が身につかず、結局、失敗を繰り返す——というのが、初心者の方が株で1億円を稼げない理由です。

一度、成功すると、「その成功体験をまたすぐに味わいたい」と、下手な鉄砲も数撃ちゃ当たる式に頻繁にトレードを繰り返したり、「儲かる銘柄はないか」と手当たり次第に、急騰している銘柄のデイトレードに走ったりする人がいます。

株式投資で、単に興奮やスリルを味わいたいならそれでもいいでしょう。

そうではなく、株式投資を一生涯稼げる「技」にまで高め、コロナのような未曾有の危機が再びやって来て、お金に困るような事態になっても、株式投資の技を駆使することで利益を上げ、あな

■図11 下半身シグナルの発生頻度と勝率

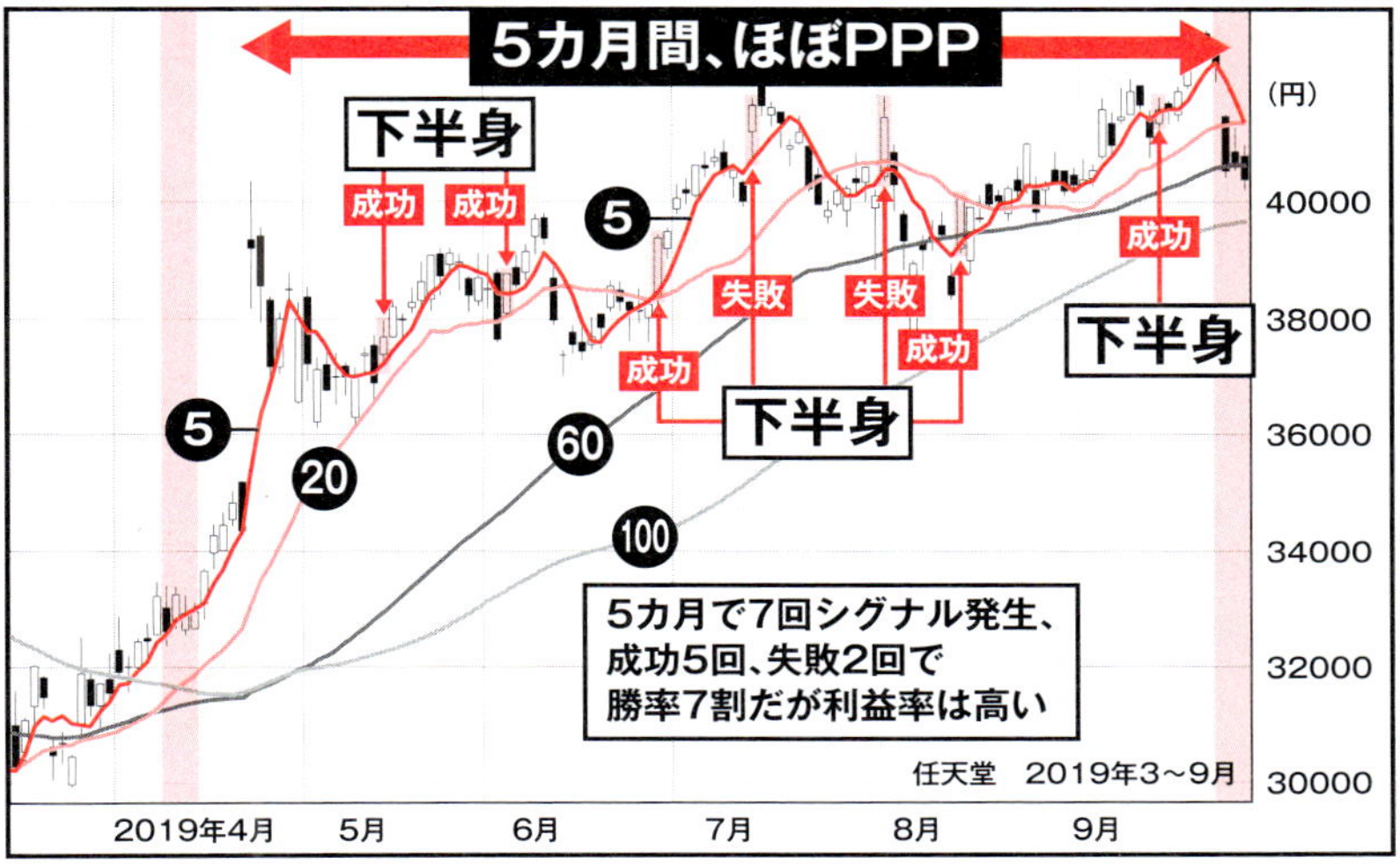

5カ月で7回シグナル発生、
成功5回、失敗2回で
勝率7割だが利益率は高い

た自身の人生や生活を守れるぐらいになるためには、やはり、再現性のある技術を一つでもいいので究める必要があります。

「武道」という言葉があるように「株道」という言葉があってもいいくらいなのです。

たとえば、図11は任天堂の日足チャートです。きれいな上昇が続いていて、いつ買っても儲かるチャート形状ですが、ここまで見てきた「PPPのときの下半身で買い」シグナルが点灯したのは、図の中で7カ所しかありません。成功5回に対して失敗が2回あるので勝率は7割ですが、PPPのときは買いの勢いが強いので成功したときの利益が失敗の損失を大きく上回っています。

PPPだからといって、いつ買っても成功するわけではありません。だからこそ、勝つ確率も高く、勝ったときの利益率がいい「下半身」シグナルの点灯を虎視眈々と待つべきなのです。

その発生頻度は5カ月で7回程度。それ以外は、我慢して取引しないほうが無難です。

PPPの下半身で買い、逆PPPで逆下半身の売りを究める

PPPの下半身で買い、逆PPPの逆下半身でカラ売りの具体例をもう一つずつ見ておきましょう。エントリーから利益確定するまでの、一連の流れを頭に叩き込んでください。

左ページ図12の上図はアルプス電気の日足チャートです。画面左でもつれあった移動平均線を抜け出した株価に引きずられるように5日線がまず密集を抜け出し、20日線もそれに続くことでPPPが完成しています。しかし、上昇トレンドの完成形であるPPPの最中でも、ローソク足が5日線を割り込み、5日線自体も20日線近辺まで下落し、割り込む寸前になったり（上図のA）、いったん割り込んだり（上図のB）することがあります。

上昇トレンドで上昇が小休止していったん下落に転じることを「押し目」といいますが、AやBのポイントがまさにそうです。しかし、PPPが成立していて、上昇トレンドの勢いが強い場合、すぐに反転上昇に転じるケースが多く、その過程で必ず、株価が再び5日線を上抜けたり、線を跳び越えて上昇する「下半身」シグナルが点灯します。そこが狙い目です。

図12の下図は下降トレンドが続く三菱商事の日足チャートですが、こちらも逆PPPが完成したあと、ローソク足が反転上昇して20日線を突き抜けたものの、再び下落に転じる場面（下図のA）

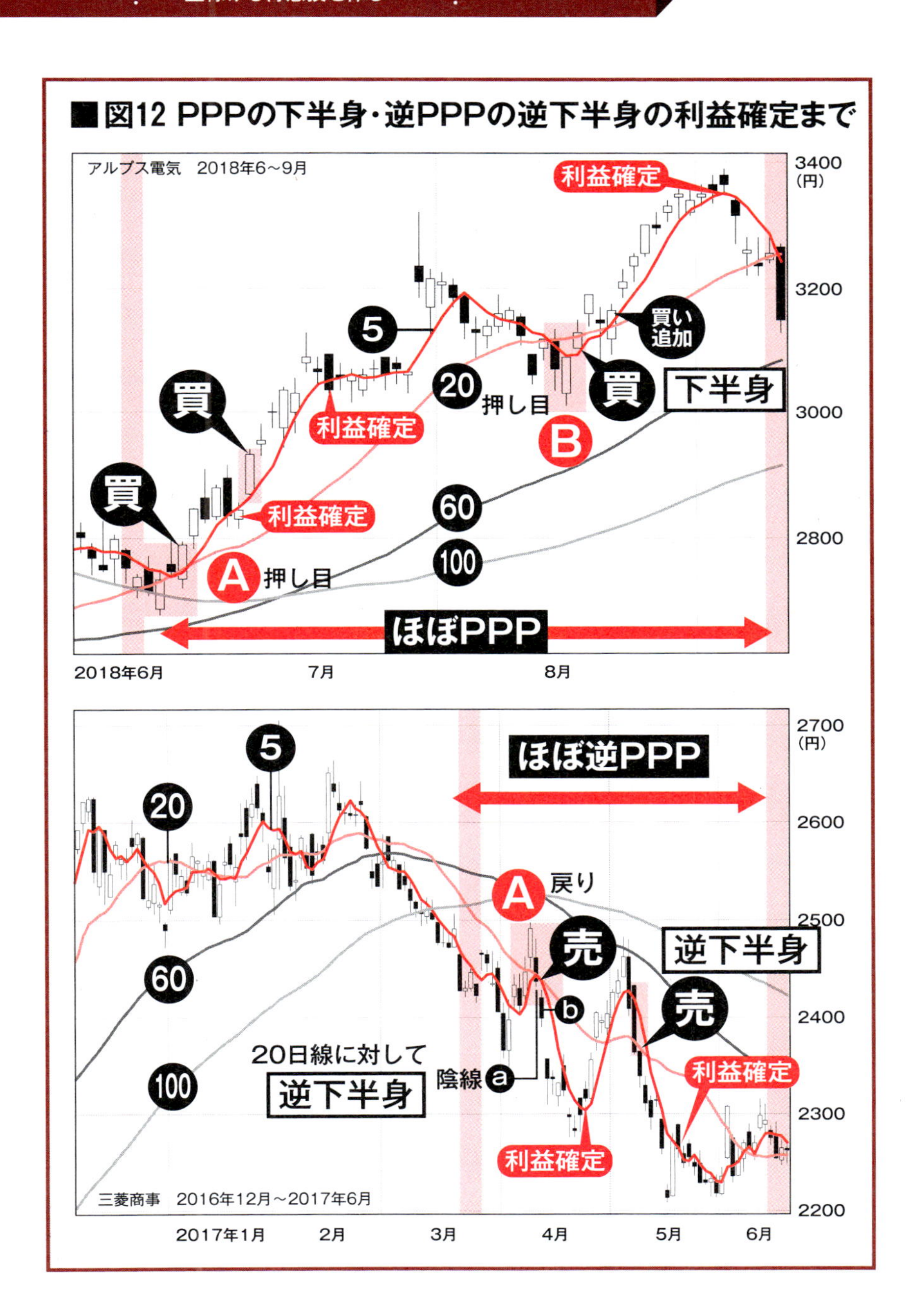
■図12 PPPの下半身・逆PPPの逆下半身の利益確定まで
アルプス電気 2018年6～9月
3400 (円)
3200
3000
2800
利益確定
5
買い
追加
買
20
押し目
B
下半身
利益確定
買
買
利益確定
60
100
A
押し目
ほぼPPP
2018年6月
7月
8月
2700 (円)
2600
2500
2400
2300
2200
ほぼ逆PPP
5
20
A
戻り
売
逆下半身
60
b
売
20日線に対して
逆下半身
陰線
a
利益確定
100
利益確定
三菱商事 2016年12月～2017年6月
2017年1月
2月
3月
4月
5月
6月

で、20日線に対して逆下半身シグナルが点灯し、5日線も下回った陰線aが出ています。次の陰線bで5日線に対する逆下半身が完成するのを待つのも一案ですが、逆PPPで下降の勢いが強いと判断して、陰線aで売りを入れても問題ありません。

そうした細かい値動きのニュアンスは銘柄ごとで変わってきます。だからこそ、まず取引の対象を1銘柄に絞って、その銘柄の値動きのクセを徹底的に頭に叩き込むことが大切になるのです。

ストライクだけを狙う我慢強さや忍耐力を養う

「PPPの下半身で買い、逆PPPの逆下半身で売りを続ければ、8割方の人はおよそ7年で、1億円を達成できる」というのが私の教えです。

それは逆にいうと、そのシグナルが出ていないときはトレードしないという我慢強さや忍耐力も同時に鍛えることを意味します。

前にもいったように、初心者の方は株式投資で少しでも利益が上がると、興奮してしまい、本来エントリーすべきではない場面でも、無謀な取引を行ってしまいがちです。

さらに、失敗したときのルールもしっかり確立されていないので、「ちょっとした出来心で取引してしまった失敗トレード」でも負けを認めることができず、ずるずると損失を拡大させて、最後は株式市場から早々と退場してしまう、という残念なケースも実に多いのです。

それを防ぐためには、まさに武道に励むときのように、技だけでなく、我慢強さや忍耐力といった「精神面」も鍛えてください。

野球の好打者というのは、決して、ボール球を振りません。ストライクをひたすら待ち、狙った球が来たときだけ、「ここぞ！」とばかりにフルスイングします。

値動きがきれいな10銘柄程度の中からマイ銘柄を選ぶ

ストライクボールをしっかり見定めて取引する、というのが基本ですが、それは、銘柄や得意技についてもいえることです。1億円を7年で稼ぐためには、取引する銘柄をむやみに増やす必要はまったくありません。自分がとことんその値動きを熟知して、「この株は自分と相性がいい」と確信を持っていえる銘柄を1～2銘柄、見つけたら、ほかの銘柄には目もくれず、その銘柄だけを買ったり売ったりしているだけで、資産1億円は十分達成できる金額です。

一つの銘柄でなかなかチャンスが見つからないと、すぐに別の銘柄を探し求める人もいますが、それをやってしまうと、もう一度、一からその銘柄の30年分のチャートを何度も見て、値動きの習性を体に沁み込ませる「時間」が必要になってしまいます。

人生は短いですから、なるべく時間をかけずにお金持ちになりましょう。つまり、取引する銘柄はよっぽど「この株は自分と相性が合わない」ということでもない限り、頻繁に変えないほうがいいのです。

まずは、日経225やJPX日経400に採用されているような大型株のチャートを1枚1枚、見ていって、「この値動きなら予想しやすい」、「このぐらいの株価変動率が自分にはやりやすそう」、「トレンドが長続きする傾向が強いのでPPPや逆PPP向き」、「下げ方がとてもわかりやすいのでカラ売りはこの銘柄にしよう」といった銘柄を100銘柄ぐらい、ざっと選んで、その銘柄の値動きを日々観察することをお勧めします。

観察を続けた結果、この銘柄の値動きは特に予想しやすいな、と思える銘柄を10銘柄ぐらいに絞り、より詳しく値動きを見て、「PPPの下半身で買い」「逆PPPの逆下半身で売り」という得意技がより使いやすそうな銘柄を1～2つ、厳選します。

そして、その1～2銘柄だけで、繰り返し、繰り返し、「PPP＋下半身」「逆PPP＋逆下半身」を使って「石の上にも3年」の心づもりで、取引するのです。

もし、それでもチャンスが少ないな、利益の伸びが今一つだなと感じるなら、銘柄を増やすのではなく、取引量を増やしてください。これまで1000株買っていたところを、資産が倍になったら、3000株に増やし、さらに資産が増えたら、5000株、1万株と増やしていく。

日経225やJPX日経400に採用されている銘柄なら、1円の上下動で10万円の損益になる10万株程度の買いや売りを入れても、株価はびくともしません。自分の買いや売りで株価を動かしてしまうこともないので安心です。

時間を効率的に使うためにも「刻む、積む」を繰り返す

今の日本は戦後の高度経済成長のときのように、自社株をこつこつ買っていたら、会社自体が大企業に成長して、株式を上場する頃には、購入した自社株の価値が1億円を超えていた、なんて時代ではありません。株を買ってずっと持っていれば、右肩上がりの上昇に乗って、いつの間にか1億円儲かっていた、なんてことはありえません。

しかし、今回のコロナショックのような暴落やその後の「コロナバブル」といいたくなるような急上昇を挟んで、株価が上がったり下がったりを繰り返すことだけは100％、確実です。

だからこそ、冒頭で申し上げたように「刻む、積む」を繰り返すことが大切なのです。

やがて、コロナが収束し、おうちトレードができなくなっても、これを機会に株式投資の技を磨けば、相場式なら続けることができます。帰宅後の時間を活用して、「刻む、積む」の作業を繰り返しながら夜しっかり考えて、翌朝の寄り付きでトレードすることを続けましょう。

とにかく継続は力なり。道場には足繁く通い続けることが大切です。本を読むだけでなく、実際に株式投資を行う人々と意見交換したり、株の講義をナマで受けたり、手取り足取り、株式投資の技を実体験できる「道場」は、常に持っていたほうがいいでしょう。むろん、実戦の場も一つの道場です。実戦での成功や失敗で一喜一憂するだけでなく、取引を反省したり、振り返ることで、技術により磨きをかければ、1億円達成の時間をさらに短く済ますことも可能なのです。

COLUMN

投資の失敗に対する考え方

相場師朗が語る「初心者が陥りがちな失敗」とその克服法

株式投資に100%はない 失敗のルールを頭に叩き込む

株式投資で利益が出る確率は100%ではありません。

どんなに優れた柔道家でも、100%の確率でオリンピックの金メダルを獲ることはできません。それと同じように、いや、それ以上に「株式投資には100%はない」ということは肝に銘じたほうがいいでしょう。

ここまで言っても、「100%じゃなきゃ嫌だ」という人もいるのが、欲張りさんの多い株式投資の世界です。

たとえば、本書で私、相場師朗は、PPPの下半身で買いなら、初心者の方でも「8割はうまく行く」といいました。

しかし、実際にPPPの下半身で買いを実戦で試してみて、一度目は勝てたものの、次は負けて、また、その次も負けたら、「もう、この手法は使いものにならない」とすぐに諦めて、また別の必勝法ハンティングを始めてしまう人の、なんと多いことか!

まるでTVのワイドショーのように、いろいろな「情報=必勝法」に飛びついては、すぐに飽きて、また次に手を出し、結果、「これもダメ、あれもダメ」と右往左往しているようでは、1億円なんて夢のまた夢です。

8割勝てる必勝法はある 大切なのは精度を上げること

どんな必勝法でも失敗することはある、ということですが、株価の値動きを徹底検証し、過去のデータで何度も試してみて「この手法なら8割は成功する」という技を見つけることは可能です。

最初は5割しか成功しないかもしれません。それは技が悪いのではなく、あなたの使い方が間違っているのです。

まずは自分の使い方が本当に正しいのかどうか、我流に陥っていないか、基本が間違っていないか、失敗トレードを必ず振り返って、取引の精度を上げる努力をしてみてください。

将棋のプロは、本番の将棋を戦ったあと、敵味方の分け隔てなく感想戦を行って「どこが勝負の分かれ目だったか」「どうしたら勝てたのか」などを検討します。それと同じように株式投資にも「感想戦」が必要です。

急に会社がリモートワークになって、自由におうちトレードができるようになったサラリーマントレーダーの方は、特にそうです。

会社でばりばり働いて成果も出されているビジネスパーソンに多いのが、株式投資でも「自分がやっていることは常に正しい」と自信満々で、プライドが高すぎること。私の教えた技で失敗すると、「自分が悪い」のではなく「技のほうが悪い」と決めつけてしまう傾向があります。

それじゃあ、いつまでたっても、株の技術は向上しませんし、技も上達しません。

ビジネスの世界でも、自己中心的な人は成功しません。他人への配慮や思いやり、謙虚さが必要です。同様に、株式投資でも株価の気持ちを考え

COLUMN

たり、その動きに耳を澄ますことが大切なのです。

投資を始めて3カ月後にはいったん初心に返って反省する

最初に身につけた知識というものには必ず、まだ初心者であるがゆえの勘違いや、認識不足、経験不足からくる誤解があるものです。

だからこそ、「PPPなら下半身で買い」という相場式の技も、3カ月続けて実戦で使ったあと、もう一度、そのトレードを振り返って「反省」することがとても大切です。

3カ月、実戦で使えば、「あっ、こういう場面では使えないんだ」とか、「この場面こそ、まさに『PPPなら下半身で買い』が使える場面だったんだ」「そうかっ！」という、学びや気づき、発見があるはずです。

そうやって、技に関する知識と経験と理解を深めていくこと、それが私のいう「練習、練習、練習、鍛錬、鍛錬、鍛錬」にほかならないのです。

そこまでいろいろ経験しての「8割・成功、2割・失敗」です。

どんなに完璧な売買法でも2割は失敗するわけですから、それはもうしょうがありません。

自分がやっていることが正しかった、と心底思えるなら、その取引が失敗に終わっても、「10分の2の不幸に入ってしまった」と諦めることができます。

「今回は失敗したけど、また、気分を切り替えて、同じ技に磨きをかけよう」と思えるか思えないか。

失敗とどう向き合うかも、株でコンスタントに利益を出せるようになるためには避けて通れない道なのです。

第2章

2限目

世界のお金の流れを見極め小型成長株への集中投資で資産を一気に増やす

講師◉今亀庵先生

2限目のポイント

7年で20億円を達成した小型成長株への集中投資

定年を迎えて受け取った退職金の3分の2に相当する金額を元手に、私は一世一代の大勝負に打って出ました。２００８年９月に発生したリーマンショックの直後で、株式だけにとどまらず、あらゆる金融市場が悲惨な状況に陥っていたというタイミングです。

しかも、大学生の頃から投資経験はあったものの、大金を注ぎ込んでの勝負はこれが初めてでした。幸い、Ｊリートにターゲットを絞ったその狙いは的中し、わずか1年で私は〝億り人〟となりました。さらに、その後もアベノミクス相場を追い風にして資産を増やし、つい

元金 100万円～

手法 株価が割安な小型成長株へ長期スパンで投資するのが基本。業績面では売上の伸びを重視し、割安の判定にはPEGレシオを用いる。また、信用取引も活用した集中投資も特徴。

に2015年には20億円の大台乗せに成功しています。
手短に説明すると、極めて順風満帆のように思えますし、運も大いに味方してくれた側面もあるでしょう。しかしながら、大勝負を続けていくうえでは、大学生の頃から培ってきた経験が随所で生かされたことも確かです。株価がまだ割安な小型成長株にターゲットを絞ったうえで、緻密な分析をもとに有望銘柄を発掘し、信用取引も駆使して集中投資を行うという私の投資戦略は、これまでの経験が導き出した集大成ともいえます。
私がどのような着眼点からどういった銘柄に勝負を仕掛けているのかについて、これから詳しく説明します。長期投資派の人は、ぜひ参考にしてください。

今亀庵
（いまかめあん）

リーマンショック直後の2009年に株式投資を本格的にスタートし、1年で元手が約7倍に。さらに2012年からのアベノミクス相場で、2015年には20億円、2017年末には資産200倍を達成。相続も意識し、節税対策で不動産へのシフトも進めている。

チャンスの場面を見つけたら集中投資で一気に資産を増やす

リーマンショック直後、退職金の3分の2で大勝負!

60歳で定年を迎えて3000万円の退職金を受け取ったのは、ちょうどリーマンショック（2008年9月）の直後でした。大学生の頃から株式投資の経験はありましたし、ここまで相場が下げているのだから、うまく立ち回れば大きく儲けられるのではないかと思って、1000万円を生活費として確保したうえで、残りの2000万円を投資に充てることにしました。

妻には内緒で、失敗したら家庭崩壊も避けられないかもしれないことを覚悟したうえでの挑戦です。そして、『会社四季報』の隅から隅まで目を通して銘柄を吟味していたところ、巻末のJリートに目が留まって驚愕しました。通常、Jリートの利回りは高くてもせいぜい5～6%程度ですが、30%台とか40%台といった水準に達していたのです。

株式のみならずJリートまで市場で叩き売られて価格が暴落したのに伴い、利回りが急上昇した

■図13 日本レジデンシャル（上場廃止）の月足チャート

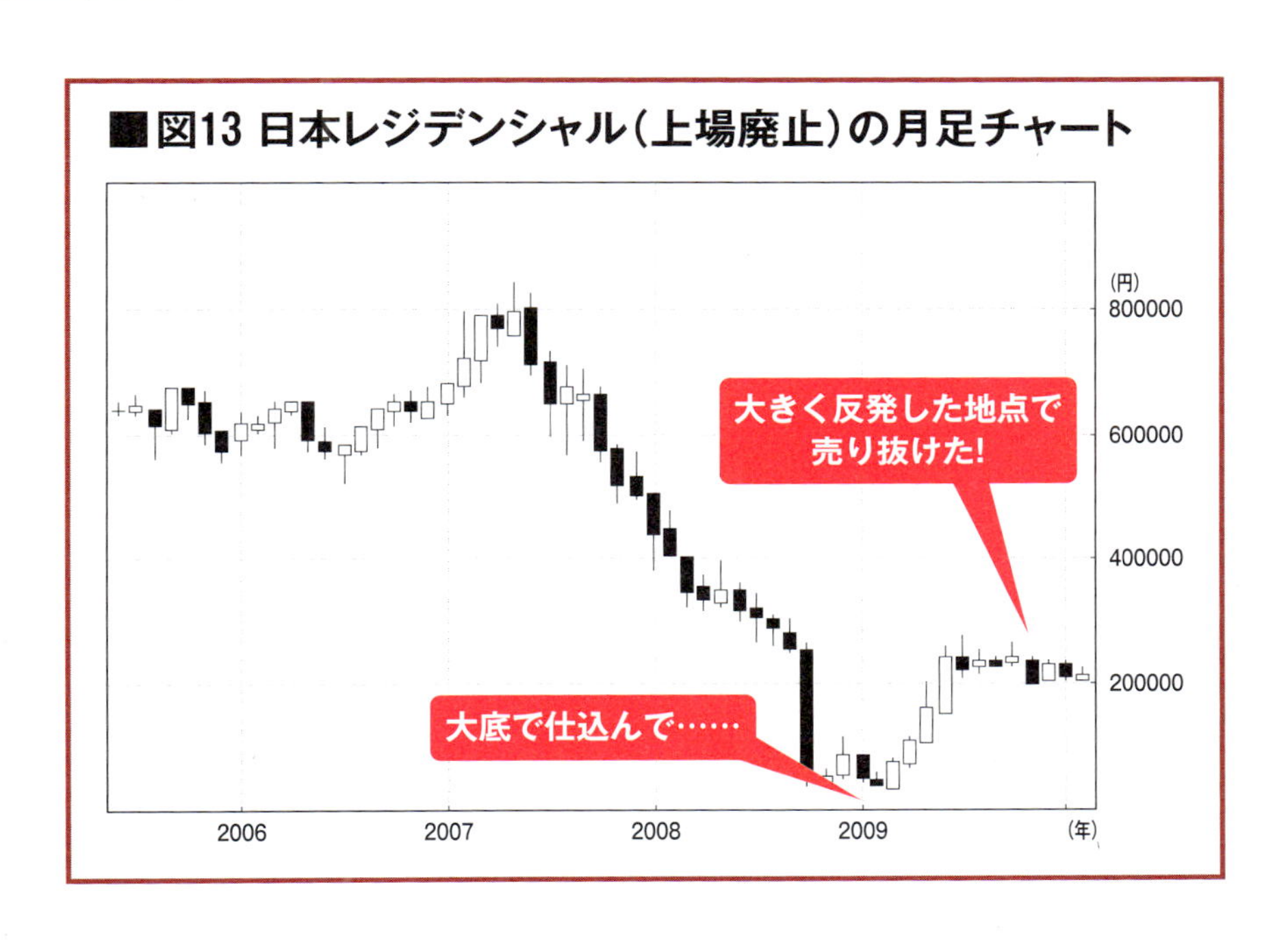

わけです。米国で不動産バブルが弾けた影響は日本にも飛び火し、Ｊリート市場でも経営破たんして民事再生法の適用を申請する銘柄が発生したことから、ほかの銘柄まで十把一絡げで叩き売られてしまったようです。

もっとも、その銘柄が破たんしたのは資金調達が困難になったことが直接の原因で、Ｊリート自体は組み入れている不動産物件から安定的な賃料収入が得られるミドルリスク・ミドルリターンの金融商品です。２０００万円を投じて40％の利回りを見込めるなら、年間８００万円の分配金を期待できるわけですから、十分に暮らしていけるだろうと考えました。

購入したのは、利回りが40％以上に達していた日本レジデンシャル投資法人をはじめとする数銘柄で、信用取引もフル活用して集中投資しました（図13）。すると、売られすぎていたことからＪリート市場は反発に転じ、それから約1年後に私の保有銘柄の資産価値は約7倍になったのです。そのタイミングでJリートを売却し、2000万円の元手が1億5000万円程度に増えました。

その後、増えた資金を株式に投じたのですが、2010〜2011年の相場は東日本大震災にも見舞われて低迷し、私自身の運用成果もパッとしませんでした。大きく増やせるようになったのは、2012年11月に民主党政権が衆議院解散に追い込まれて安倍政権の発足が決定的となったあと、いわゆるアベノミクス相場が始まってからです。

アベノミクス前から仕込んでいたJトラスト株は40倍高！

特に大きな利益が得られたのはJトラストという銘柄で、2010年に株価が100円程度だった頃から買い始めていたら、アベノミクス相場で急騰して2013年には4000円台の高値をつけました（図14）。私はそのタイミングで売り抜けることができ、約40倍の株価上昇分を享受できました。

私がこの銘柄に注目したのは、売上高が大幅に伸びていたからです。もともとイッコーという社名で中小企業相手のノンバンクを営んでいた会社でしたが、2008年3月に現取締役会長の藤澤信義氏が買収してから積極的なM&A戦略で飛躍的な成長を遂げました。過払い利息の返還請求で経営破たんしたロプロ（旧日栄）、武富士、クレディアなどを次々と子会社化していったのです。

■図14 Jトラスト(8508)の月足チャート

こうしたM&AによってJトラストの売上は年率30%以上の拡大が見込まれるにもかかわらず、PER5倍程度の超割安な株価のまま放置されていました。過払い金の支払い義務が生じた消費者金融は全般的に先行きが厳しいと、株式市場では評価されていたのかもしれません。しかし、JトラストはそのようなL環境下でもM&Aを駆使して成長を遂げていたので注目したわけです。

学生時代に読みふけった投資の本に、「小型成長株への長期投資は統計的に報われる」と書かれていたことも、Jトラストへの投資を決めた理由の一つだと思います。時価総額が大きくなってくると売上の大幅成長は見込みづらくなってきますし、株価の値動きも限定的です。その点、高成長の途上にありながら株価がまだ割安な小型株に3〜5年のスパンで投資すれば、大きく儲けられる確率が高いはずだと考えました。

注目指標はPEGレシオ
業界ごとに見方を変える

大学生時代に株に目覚め、投資本を読み漁る

私が学生の頃から株式投資に興味を抱いたのは、米国での生活がかなり影響していると思います。両親の仕事の関係で私は16歳で渡米し、現地の高校・大学で学生生活を過ごしました。当初は友人たちと麻雀やトランプのブラックジャックなどに興じていたのですが、結局のところ、それらは仲間同士での奪い合い（ゼロサムゲーム）にすぎません。幼い頃にメンコで連勝して近所の友人たちが持っていた札を総取りしてしまったことがあるのですが、あのときと同じような空しさを感じるようになりました。

そして、そうではない勝負事はないものかと探していたら、たまたま目に留まったのが新聞の株価欄です。日本と同様に、現地の新聞にも株価欄が掲載されていました。

当時の私は毎日のように株価欄を見て、「この銘柄を昨日のうちに買っておけば、今日はこれだ

け儲かっていたのか」といったシミュレーションを行うようになりました。

そういった試算を繰り返すうちに興味が深まり、大学の図書館で投資関連の本を読み漁るようになりました。「小型成長株への長期投資は統計的に報われる」と書かれていた本のことを先述しましたが、その一冊も当時に出合ったものです。

やがて、私はアルバイトで稼いだお金を投じて、実際に米国株を売買するようになりました。大学卒業後は帰国して日本で就職したのですが、社会人となってからは日本株にも投資しました。もっとも、注ぎ込んでいた金額は少額でしたし、得られた利益も大した金額ではありません。勝ったり負けたりの繰り返しでした。

とはいえ、結婚後は薄給をすべて妻に預けて自分の小遣いは一銭もなく、株で稼がないと友人と飲みに行くこともかなわなかったのも事実です。だから、自然と真剣に株式投資と向き合うことができたと思います。

売上20～30%増、PEGレシオ割安の銘柄に照準！

定年後の株式投資において私が常に心掛けてきたのは、業績が拡大している銘柄にターゲットを絞るということです。短期的にはさまざまな要因に左右されたとしても、長期的に見れば、株価は業績に連動して推移するからです。そして、業績については利益ではなく、売上の伸びで判断して

■図15 減収でも利益はやりくり次第で増益にできる

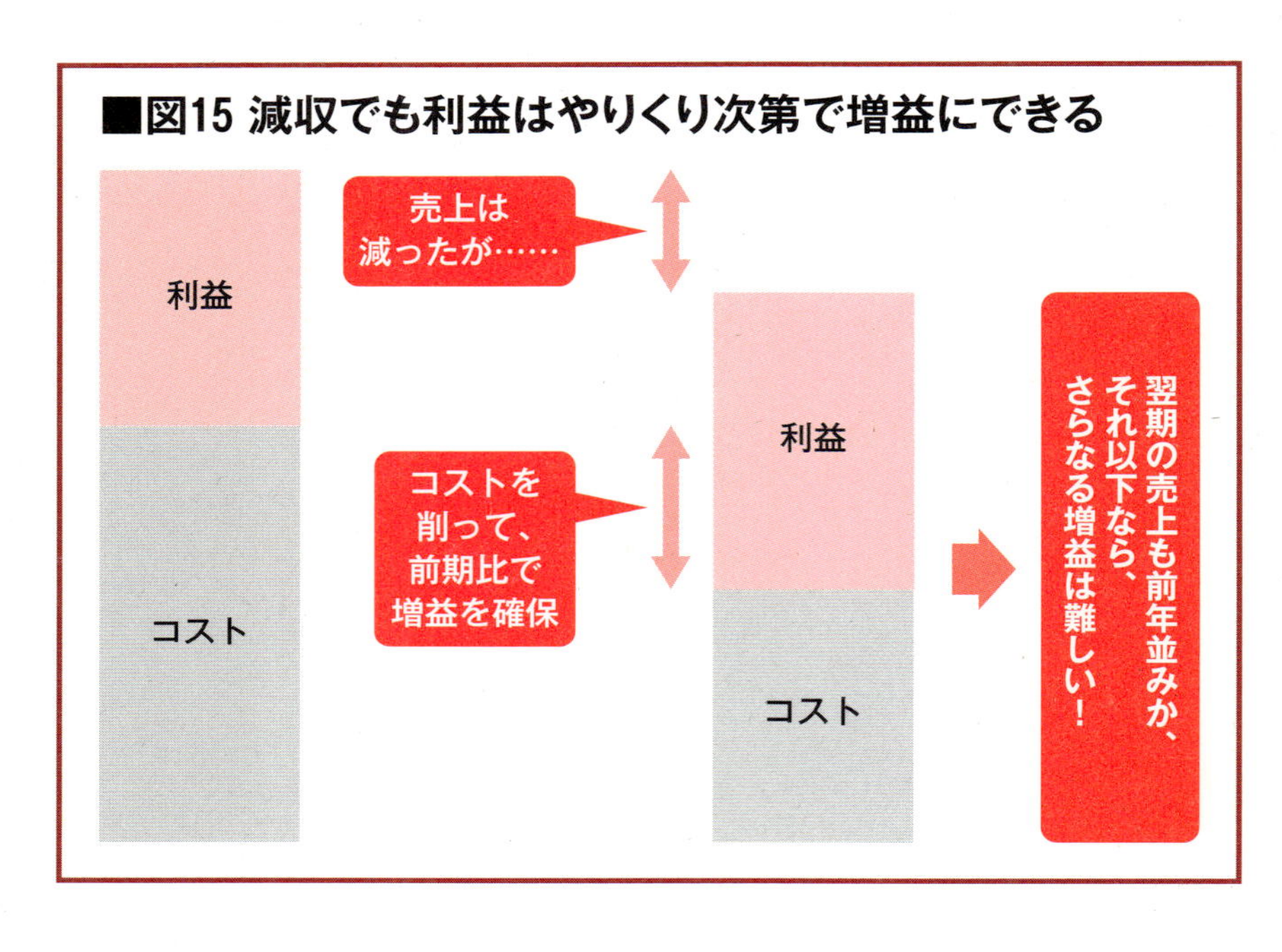

います。

つまり、今後の売上がどのくらいのピッチで増えていくのかというポイントに注目しているのです。コストの削減や資産の売却などによって利益の金額はある程度の操作が可能ですが、売上は不可能です（図15）。しかも、通常の会社なら、売上が1割の伸びを示せば利益も2割増、3割増といったペースでそれに連動するものです。だから、私は今後の売上が20～30％増となる見込みの銘柄に照準を定めています。

なお、売上については今期予想ではなく、来期予想の数値を見るようにしています。なぜなら、今期予想の数字はすでに株価に織り込まれていることが大半だからです。企業側は今期予想しか明らかにしていないので、私は『会社四季報』の予想値を用いています。

ただし、売上が2ケタ増の見込みであったとし

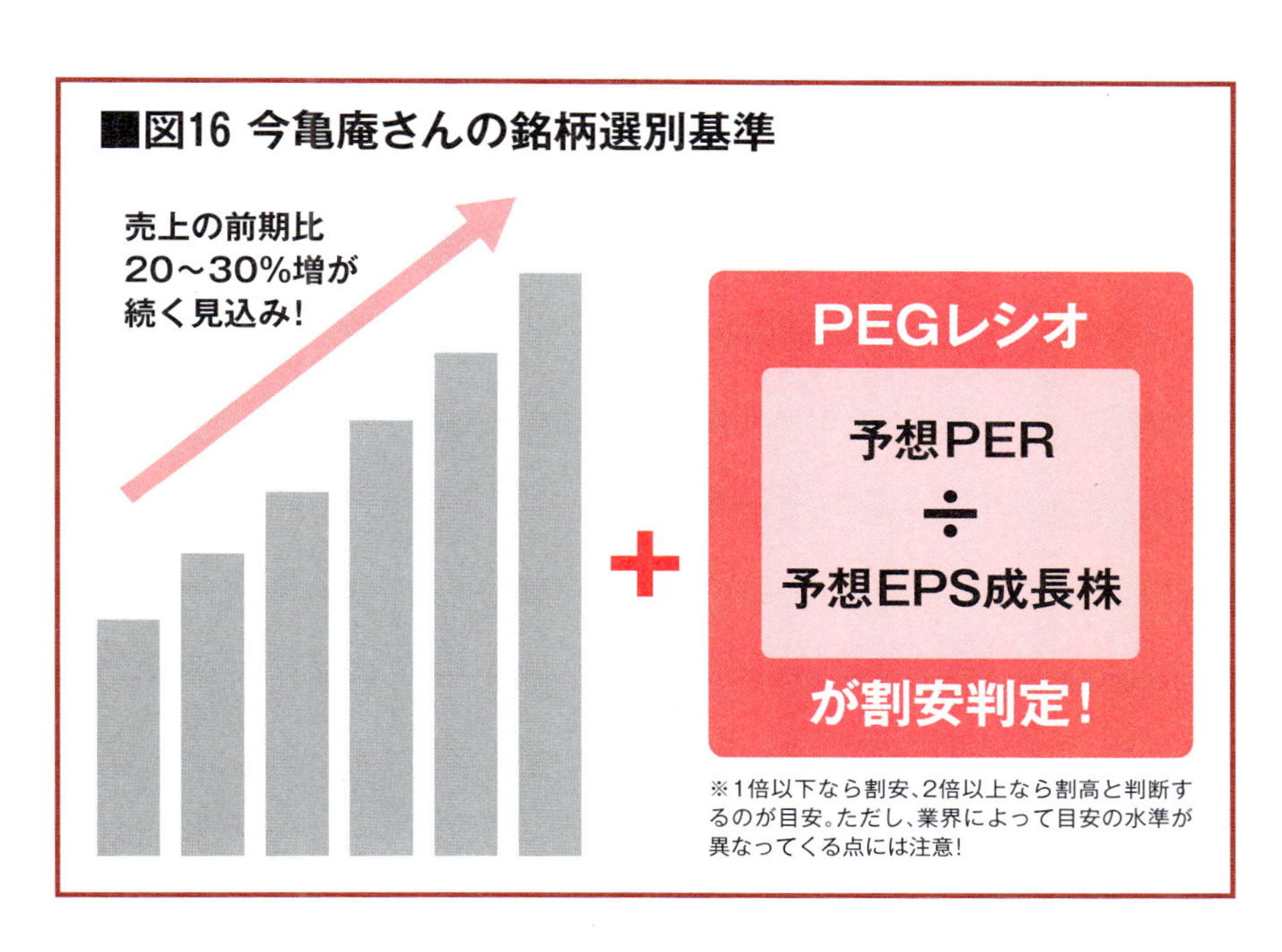

ても、原則として大型株には投資しません。時価総額が大きすぎると株価の上昇も鈍くなりがちなので、先述したように小型株に的を絞っています。大型株と比べて小型株は値動きが軽いケースが多く、好材料が飛び出せば一気に何倍にも急騰することもあります。

一方で、売上の大幅な伸びが見込まれる企業であっても、そのことがすでに株価に織り込まれていれば、今後の上昇余地は限られてしまいます。成長性とともに、株価がまだ割安な水準に位置していることも重要な条件です。

そこで、私が注視しているのはＰＥＧレシオと呼ばれる指標です。「予想ＰＥＲ（株価収益率）÷予想ＥＰＳ（1株当たりの当期純利益）成長率」という計算式で算出した数値で、1倍以下なら割安、2倍以上なら割高と判断するのが目安となっています（図16）。

単純に予想PER（株価÷予想EPS）だけを見て判断すると、その倍率が30倍に達している銘柄はすでに割高になっていると考えてしまいがちでしょう。しかし、PERが30倍でも売上の拡大に伴って予想EPS成長率が60％増となる見通しであれば、「PEGレシオ＝30÷60＝0・5倍」となるので、割安だと判断できるのです。

財務状況や決算書をチェックして絞り込む

ただし、業種によってPEGレシオの水準にはかなりのバラツキがあることも確かです。業界全体で1倍割れが常態化しているケースもありますし、IT関連のように2倍以上に達していても、まだまだ上値を期待できるケースもあります。

したがって、それぞれの業界の事情に応じて、見方を変える必要が出てくるわけです。同じ業界に属するライバル企業のPEGレシオもチェックし、どの程度の水準が妥当な数値なのかを推察する作業が求められてきます。

さらに、たとえPERが50倍に達し、同指標から判断する限りは割高感のある銘柄であったとしても、成長率が50％であればPEGレシオは1倍にすぎないので私は買います。ただ、それでもさすがに限度というものがあって、PERが100倍以上に達している銘柄には明らかに過熱感が漂っていますから、けっして手を出すことはありません。

また、売上予想だけでなく、財務状況や決算書の詳細にも目を通しています。借入金やキャッシュフローの状況なども確認したうえで、銘柄の取捨選択を行っています。いくら高成長を期待できたとしても、財務面などに何か問題を抱えている場合には、除外することもあります。

社長の経営姿勢にも注目

もう一つ、私は社長の経営に取り組む姿勢も注視しています。まず、オーナー経営者で自分自身も大株主であれば、大企業のサラリーマン社長とは経営に対する意気込みが違ってくるものです。

特に現社長が創業者であれば、意気込みはより強いことでしょう。自分で創業した会社であれば、当然ながら業績を拡大したいと考えるはずだからです。『会社四季報』や『ユーレット』などで社長自身がその会社の大株主であるかをチェックすれば、オーナー経営者であるか否かはすぐに判別できます。

そして、私はできるだけ会社説明会や株主総会に参加して、自分の目で直接確かめるようにしています。地方に住んでいるなどの事情でそういったアクションがなかなか難しいという人は、会社のホームページをくまなくチェックしてみるといいでしょう。最近は経営者の動画やメッセージなどが公開されているケースが多くなっています。それらを見るだけでも経営に対するスタンスを感じ取ることが可能です。

大事なのはエクセル管理と ここぞというときの信用取引

長期保有前提だが、カタリスト次第で利益確定も！

このような手順を踏んで買った銘柄はエクセルで管理し、売上の成長率とＰＥＲもすべて入力しています。ＰＥＲについては、現時点における予想値の入力だけにとどまらず、見込まれている成長率を毎年達成した場合の「５年後の数値」も現時点の株価で算出して記入しています。そのうえで、２週間に一度のペースで最新の数値に更新するように心掛けています。

利益確定に関しては、期待通りの業績拡大が続いている間は基本的に保有し続けます。一方で、なんらかのカタリスト（触媒＝株価を動かす材料）があり、1年で株価が何倍にもなってＰＥＧレシオが割高な水準に達した場合は利益を確定させるケースもあります（図17）。

そもそも私は、カタリストが飛び出しそうな銘柄を意図的に選んでいるといえるでしょう。カタリストとなりがちなのは、資本・業務提携やＭ＆Ａ、画期的な技術・サービスのリリースなどです。

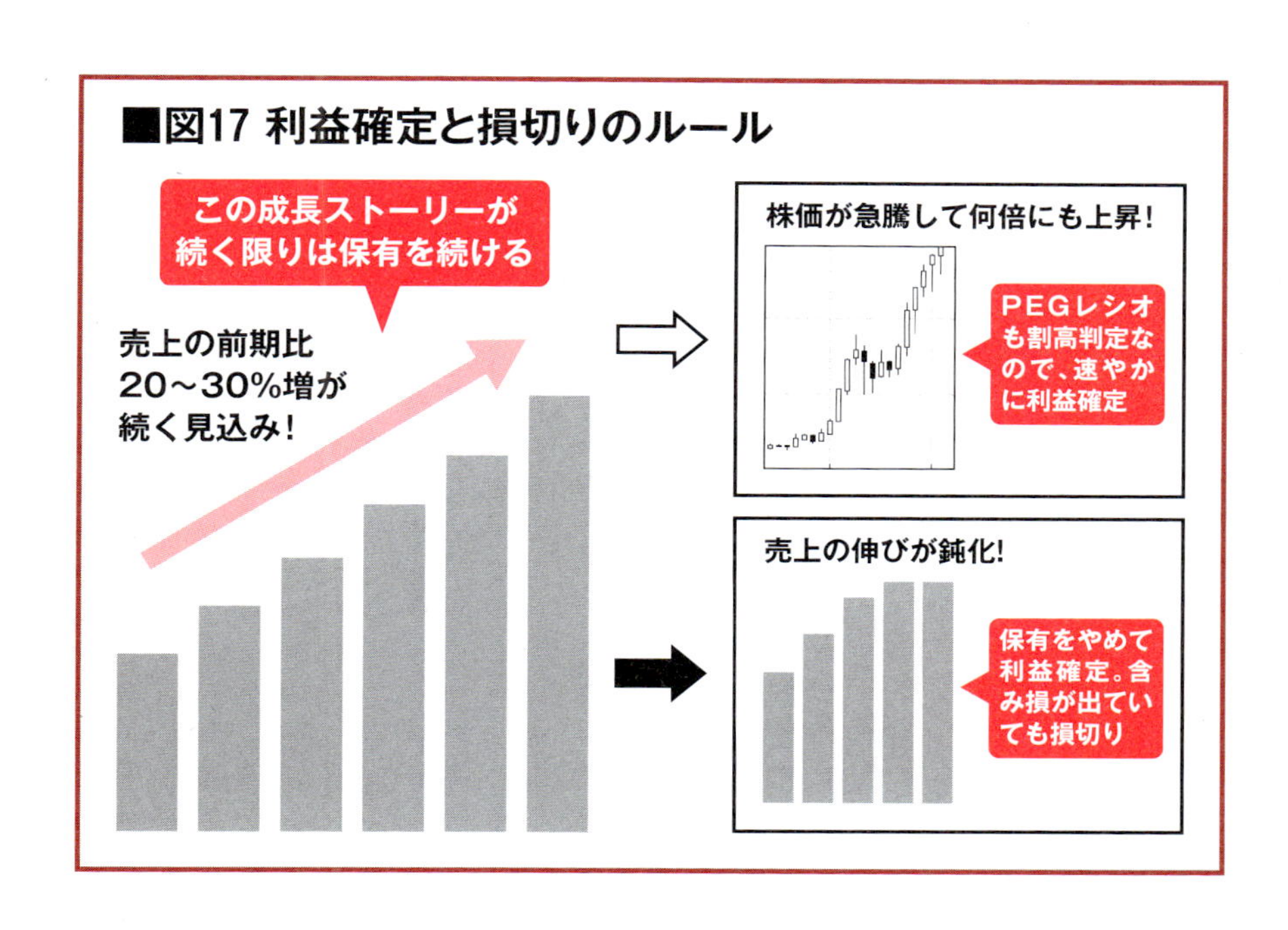

過去にそういったニュースがよく出てきた銘柄は先々でもカタリストが飛び出す可能性が高いので、そういった〝常習犯〟を狙うようにしています。

一方、特にカタリストが見当たらない銘柄はゆるやかな上昇を続けているケースが多く、そのような場合は前述した通り、業績の成長トレンドが続く間は気長に保有し続けます。売りを決意するのは、なんらかの事情で売上が見込みよりも伸び悩んできた場合です。

一時的な現象にとどまると判断できる場合を除き、期待通りの成長を遂げられそうにない状況であれば、速やかに見切りをつけるようにしています。含み益が出ている場合はもちろん、含み損を抱えている場合も躊躇(ちゅうちょ)することなく損切りするのです。さらに、詳しくは後述しますが、コロナショックのような相場の暴落時には保有株の見直しを行っています。

わずか約7年で元手を100倍に増やすことに成功！

もう一つ、私の投資スタイルの特徴だといえるのは、信用取引のレバレッジを目一杯（約3倍）効かせていることでしょう。しかも、約100銘柄を保有しているものの、資金の半分は上位10銘柄に集中させてきました。10銘柄のうちの7銘柄が首尾よく上昇することを目指しています。

もちろん、その分だけリスクも高くなってしまいます。そこで、私は日々の推移をこまめにモニタリングしながら、必要に応じて保有株数を調整するなどして、リスクのコントロールを図るように心掛けています。

こうしたスタイルの投資を続けてきた結果、2015年には資産が20億円に達し、本格的に投資を始めてから約7年で「元手を100倍に増やす」という目標を達成できました（図18）。ただ、ちょうどその頃、相続税の基礎控除額が引き下げられて課税が強化されました。

私自身も60代半ばに達してそういったことを意識し始めたので、相続対策も兼ねて10億円を不動産（自宅用のマンションや土地、沖縄のリゾート物件など）へとシフトさせました。現金や預金の相続税評価額が額面通りであるのに対し、不動産は実際の資産価値よりもかなり割り引かれて評価されるからです。

併せて、当初の目標を達成できたことも踏まえ、信用取引のウエイトは減らしました。残る10億円で株式投資を継続しています。

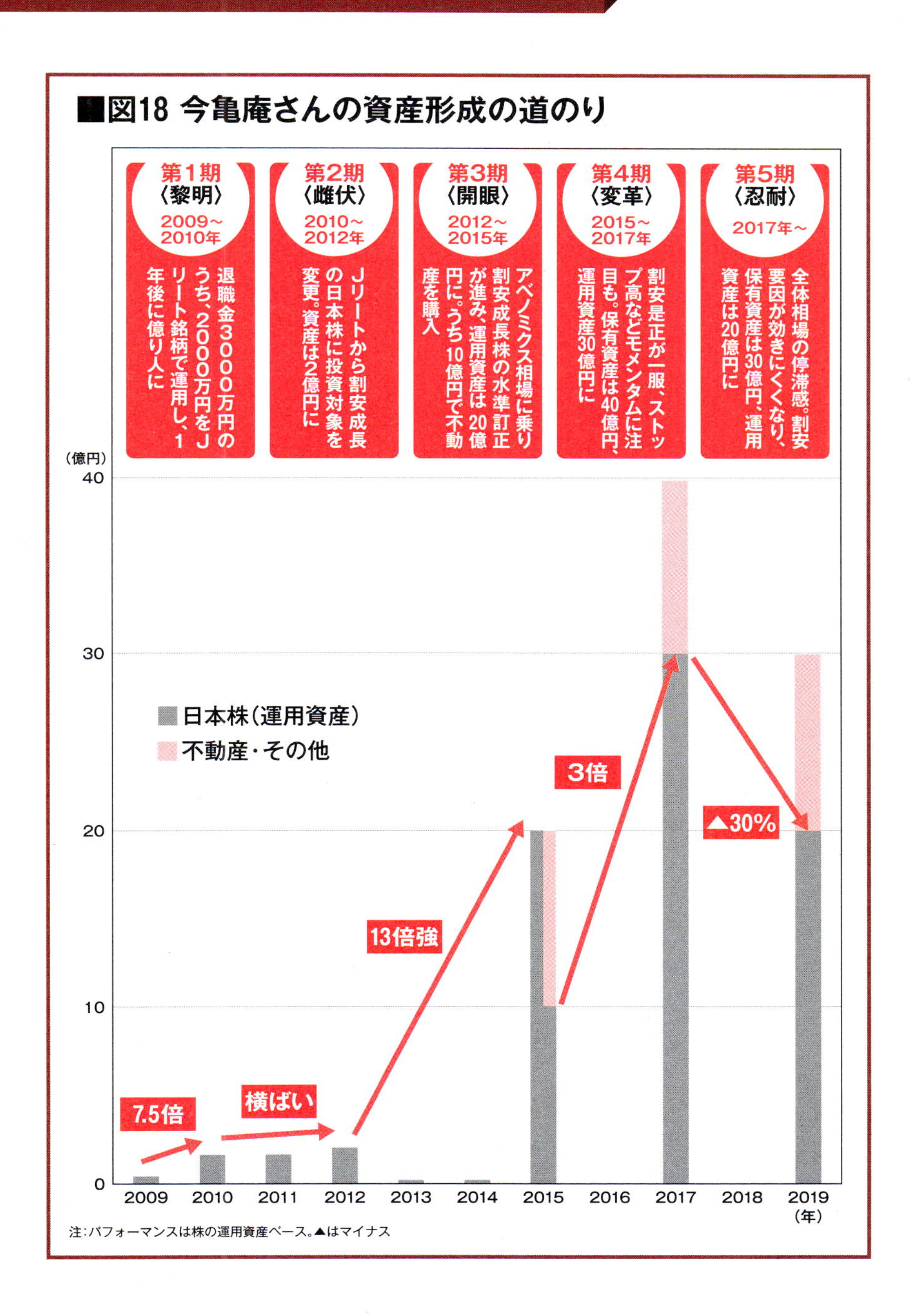
■図18 今亀庵さんの資産形成の道のり
第1期
〈黎明〉
2009〜2010年
退職金3000万円のうち、2000万円をJリート銘柄で運用し、1年後に億り人に
第2期
〈雌伏〉
2010〜2012年
Jリートから割安成長の日本株に投資対象を変更。資産は2億円に
第3期
〈開眼〉
2012〜2015年
アベノミクス相場に乗り割安成長株の水準訂正が進み、運用資産は20億円に。うち10億円で不動産を購入
第4期
〈変革〉
2015〜2017年
割安是正が一服、ストップ高などモメンタムに注目も。保有資産は40億円、運用資産30億円に
第5期
〈忍耐〉
2017年〜
全体相場の停滞感。割安要因が効きにくくなり、保有資産は30億円、運用資産は20億円に
(億円)
40
30
20
10
0
日本株(運用資産)
不動産・その他
7.5倍
横ばい
13倍強
3倍
▲30%
2009
2010
2011
2012
2013
2014
2015
2016
2017
2018
2019
(年)
注:パフォーマンスは株の運用資産ベース。▲はマイナス

コロナショックからわかる世界の資金の流れ

まったく予測できなかったコロナショック

その後、2018年には大損を被ったものの、2019年には大きく挽回することに成功し、いい気分で年末を迎えました。一時は相場の方向性が見定められなくて不安が募り、ポジションを減らそうかと悩んだこともあったのですが、強気を貫いてよかったと思いました。

そして、2020年の初夢はこんなストーリーだったら嬉しいと、ツイッターに次のような書き込みをしたのですが……。

「米中貿易戦争は、世界経済にこれ以上の深刻な影響を与えず。一方で、世界的な金融緩和・財政出動の流れが続き、金余りで世界的な株式市場活況が続く。東京オリンピックは大成功。世界中の関心が日本に集まり、オリンピック後も景気減速どころかインバウンドが再加速で、ホテル需要増で不動産価格も上昇。年末までには、待望の日経平均3万円。資産も増え、株式投資から、セミリ

■図19 コロナショック時の今亀庵さんの行動図解

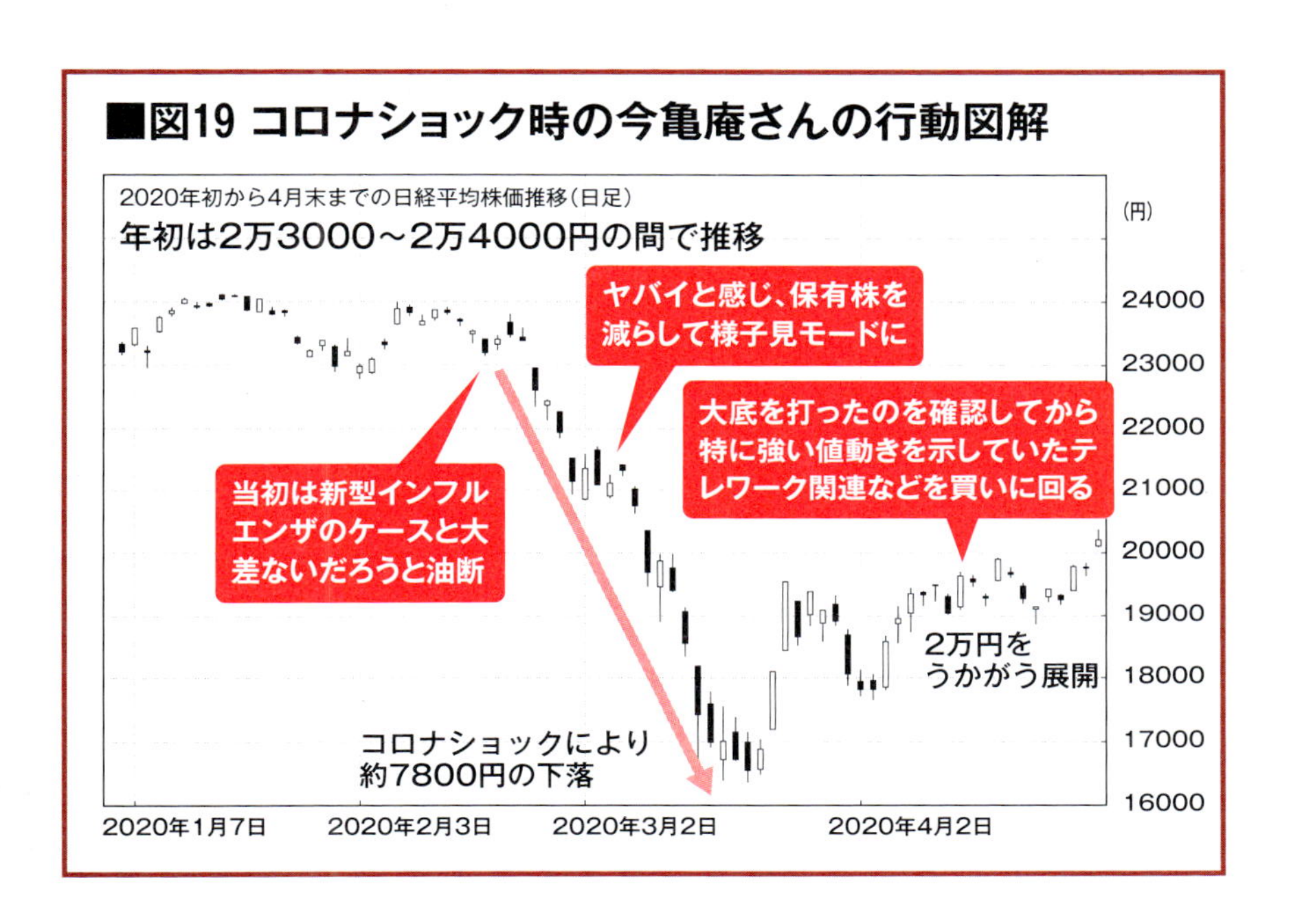

タイア。不動産に資産を移動して、株はお楽しみ程度に。夏は避暑地、冬は避寒地の別荘でゆったりと余生を楽しむ。合間に趣味の旅行とアンティーク市巡り」

しかし、現実の2020年は私の期待とはかなりかけ離れていました。特にコロナショックについては、まったく予想もしていなかったことでした。当初は新型インフルエンザと似たようなパターンにとどまるだろうと思っていたのです。

2月末～3月上旬にかけて相場が大きく下げ始めてから、さすがにこれはヤバイと感じて保有株を減らしていきました。コロナで業績が急激に悪化しているところも続出することが想定されたので、業種や銘柄の大幅な入れ替えも進めました（図19）。そのうえで、緊急事態宣言の発令（2020年4月7日）に先駆けて3月中旬には株価が反発したので、再び買いに回りました。

コロナショック直後のリバウンドは取り逃したが……

もっとも、底打ちを確認してから動いたので、リバウンド直後の初動は取り逃してしまった格好です。個別銘柄ではコロナ禍が直撃した飲食業界、旅行業界、航空業界などが大きく売られる一方、テレワーク関連や遠隔医療関連などがかなり強かったので、そういった動きを見定めました。

こうして反発局面でいくらか挽回して2月末～3月上旬の損失分を穴埋めし、現在（8月下旬時点）における保有株の評価額は２０２０年の年初の頃に戻ったという状況です。

足元では、アフターコロナ時代の到来を見越して、旅行業界やホテル関連のリートも仕込み始めています。ホテル関連のリートは一時５％台の利回りに達していた分配金がゼロと化し、非常に悲惨な状況です。

大きく下げたまま、戻りが鈍い一部の大型株も購入

とはいえ、少し前までの半値で手に入れられるようになっているわけですし、うまくコロナ禍を切り抜けられれば復配を期待できるでしょう。冒頭で触れたように、リーマンショック時は結果的にＪリートの絶好の仕込み場となりましたが、あれから11年後の今、一周回って似たような状況が再来しているような気がします。

また、今までは結果的に手を出してこなかったのですが、大型株でもコロナショックで大きく下げてから戻りが鈍い銘柄については、配当利回りも踏まえて長期保有を前提に買い始めています。選別が難しいのが不動産業界で、全体としては業績の伸びが期待しづらいものの、個別には好調なところもあって、まさに入り乱れてまだら模様と化しているといった状態です。

大別すると、商業施設系はしばらく厳しい環境に晒(さら)されるでしょうが、戸建てのほうは悪くない様子です。マンションも分譲用については戸建てと似たような情勢ですが、投資用については、個別に事情が異なっています。

個人的には、商業施設系の不動産株をほとんど手放しつつ、業績がよくて割安な銘柄を買い始めています。

四半期決算は常時見るが、一時的な減速は容認することも

投資用マンション販売を手掛けている企業で、好調なところの一例として挙げられるのがグローバル・リンク・マネジメントでしょう。同社は業績が順調に伸びていないながらも、PERのみならずPBR（株価純資産倍率）から判断しても株価が割安な水準にあります。積極的にさまざまな提携戦略を打ち出しており、社長のリーダーシップも高く評価できます。

8月初旬に発表した同社2020年12月期第2四半期決算では、累計（1～6月）の経常利益が

前年同期比86・7％減となり、通期の同利益を従来予想から37・5％も下方修正しました。一転して26％超の減益見通しとなったわけですが、売上のほうは前期比7・6％増の予想を修正していません。

こうした四半期決算は常にチェックしていますが、たとえその数字が芳しくなかったとしても一時的もしくは特殊な要因によるものであるケースも出てきますので、それだけで弱気に転じるわけではありません。通期では業績が伸びるという方向性に変化がなければ強気の見通しを変えませんし、たとえわずかな落ち込みでも成長が鈍ったと判断した場合は、その時点で利益を確定させるようにしています。

結局、株価を支配しているのは大きな資金の流れ

株式投資を続けてきてつくづく感じたのは、「結局のところ、株価が上がるかどうかは世の中における大きな資金の流れ次第」ということです。

しかも、新型コロナウイルスが経済に大きなダメージを及ぼしていることを受けて、世界の主要国が異例の規模の金融緩和を行っており、いまだかつてなかったような規模で、大量の資金が供給されています。

大まかにとらえれば、巨額の資金が向かう先は株式、債券、不動産という3つの市場で、これら

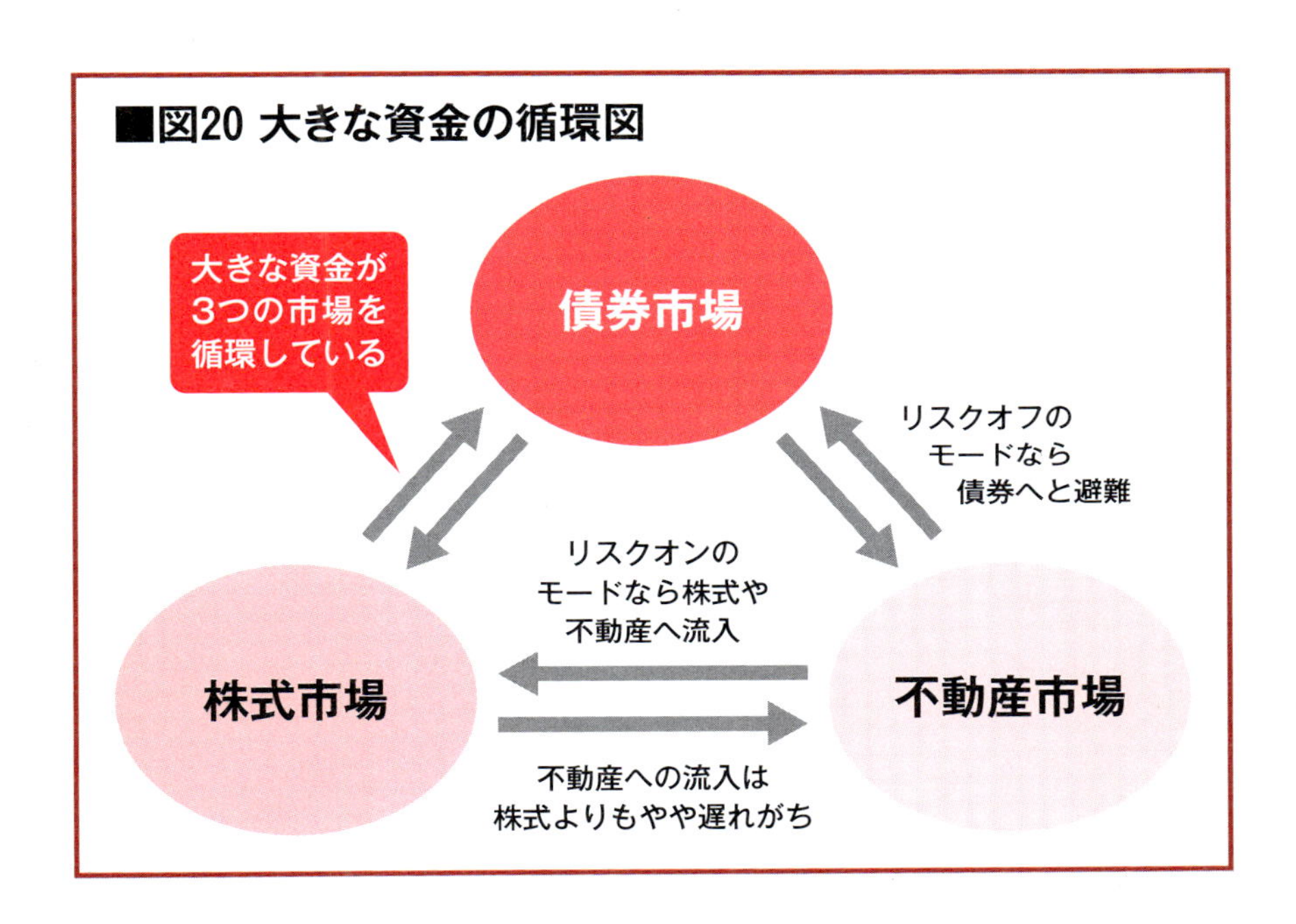

の間で循環を繰り返しています（図20）。金利やインフレ率の推移を観察していれば、目の前ではもっぱら資金がどこへ向かっているのかを推察することが可能です。

先に述べたように、今は各国が金融緩和を実施して金利の低下が進んでおり、株式市場へと資金が流入しやすくなっています。株式と同様にリスク資産の一つとして位置づけられる不動産にも向かうことが考えられますが、株式の上昇よりもやや遅行するのが特徴です。

いずれにしても、これだけ大掛かりに主要国の中央銀行が資金を供給しているわけですから、コロナバブルと呼ばれる大相場がやってくると私は考えています。１９８０年代末の平成バブルや１９９０年代末のＩＴバブルでは過熱感を警戒して早々に降りてしまったので、来たるべきコロナバブルではうまくその波に乗りたいと思っています。

継続は力なり！経験を積み重ねることで億り人へ

成功している会社への株式投資は、資産を増やす有力手段

ごく一般的な会社員が本業だけで億という財産を成すのは現実的に極めて困難で、私のようになんらかのリスクを取らなければ果たすことはできないでしょう。起業するのも一つの手ですが、私の場合は株式投資のほうが向いていました。

すでに世の中で成功を収めている会社へ株式投資することは私だけに限らず、より多くの人にとって資産を大きく増やす有効な手段となってくるでしょう。もしも期待通りの成長を遂げなかった場合には、さっさと別の会社に乗り換えることも容易です。

そして、株式投資で成功するうえで最も重要なのは経験だと思います。本を読んだりセミナーに参加したりといった勉強も欠かせませんが、実際に自分自身で資金を投じ、勝ったり負けたりを繰り返しながら、経験として投資のスキルを体得していくものです。こつこつと経験を積み重ねてい

■図21 今亀庵流 おうちトレードの心得

当面の元手は100万円!
もしも尽きてしまったら、また100万円蓄える

とにかく経験を積むことが大事なので、
少額ずつどんどん買ってみる!

本業が手につかなくなると本末転倒。
その意味でも長期投資が無難!

日常生活の金銭感覚とは切り離し、
10万円の損でクヨクヨしない!

けば、私と同じようにいつか大きなチャンスが訪れることでしょう。

テレワークで在宅勤務をこなしながら株式投資にも挑戦したいというケースでも、私のような長期投資のスタンスであれば、場中にバタバタと売ったり買ったりする必要がないでしょう。実際、私は家に籠もりきっていると体が鈍ってしまうので、なるべく外出するように心掛けていますし、場中にトレードすることは滅多にありません。

投入する元手資金については、100万円を1億円にする道のりと比べれば、1000万円を1億円にするのは明らかに容易ですから、多いのに越したことがありません。とはいえ、いきなり大きな資金を投じるのは考えものでしょう。私の場合は信用取引でフルレバレッジを効かせていてもまったく平気なので例外ですが、どうしても株価の動きが気になってしまい、ずっと相場を凝視し

がちになるからです（図21）。

それに、大きく張れば損失を被った場合のダメージも大きく、まだ慣れないうちの失敗でさっさと相場から退場する結果ともなりかねません。まさに「継続は力なり」でどんどん買って小さな失敗を重ねながら、経験を積んでいくことが大切です。１００万円は大金ではありますが、失ったとしても、がんばってもう一度蓄えれば捻出できない金額ではないことも確かです。当面の元手は１００万円を目安にして、経験を得ていくためのトレードを繰り返すといいでしょう。

日常生活における10万円の出費と株の損の10万円は別物

そうやって経験を培っていけば、どういうタイミングで株価が上がるのかという感覚も身についてくるものです。また、「今はコロナ禍で景気が悪い（株価が上がらない）から、株を買わないほうがいい」と世間では受け止められがちですが、図22の例のように、株価は半年先の状況を見越して動くもので、今こそ買っておいたほうがいい銘柄も存在しています。

さらに、「ウワサで買って事実で売る」という相場の格言にしても、やはり体感したほうが納得しやすいでしょう。株価の上昇につながるような情報が出回った際に、まだその話がウワサの域を脱しないうちは株式市場で物色が活発化するものの、それが事実だと判明した時点ではすでに〝材料出尽くし〟で株価の上昇は止まるという話です。実際にそのような場面に遭遇しなければ、なか

■図22 株価は半年先を見越して動く（任天堂の場合）

決算期	売上高	営業利益
2019年第1四半期	1721億円	274億円
2020年第1四半期	3581億円	1447億円

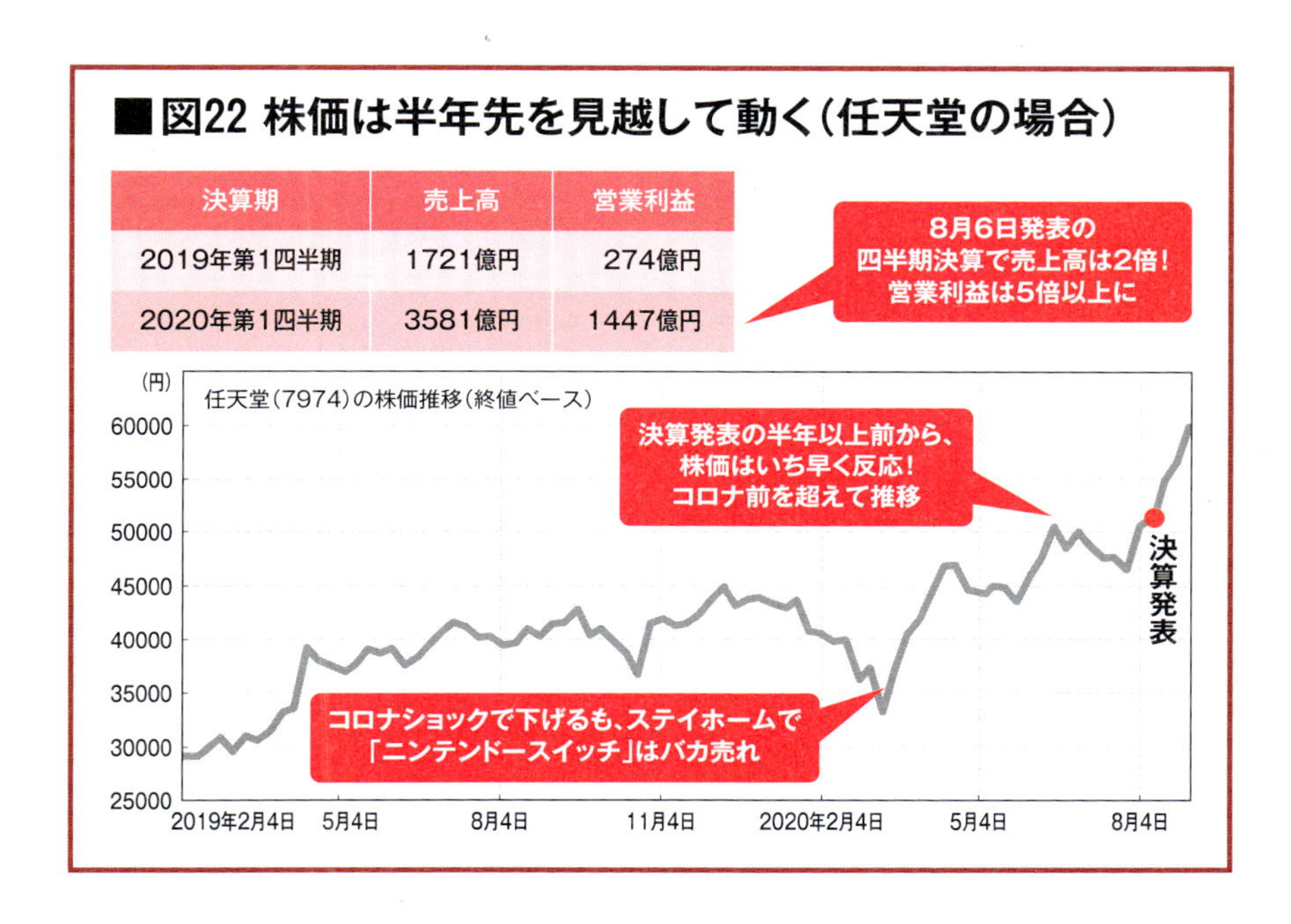

なかピンとこないでしょう。

金銭感覚についても、日常の買い物などとは区別してとらえることが大事です。なぜなら、「ここで10万円の損失を出さなければ、欲しかったあの服を買えたのに……」などと考えると、リスクを取った売買ができなくなるからです。

日常生活における10万円はなくなったら困る大金であっても、株式投資では別物だと切り離して考えたほうがいいでしょう。10万円の損を通じて得た経験が投資のスキルを磨いていき、いわば授業料となるのです。

とにかく、本業をこなしながらトレードに取り組む場合には、株価のことが気掛かりで仕事が手につかないといった状況はできるだけ避けるようにすべきです。その意味でも、値動きが激しい銘柄はどうしても気になってついつい株価をチェックしてしまうので、手を出さないほうが無難です。

成長中で、今後も有望な企業を探すことから始めよう！

おさらいすると私の投資スタイルは、まだ株価が割安なうちに小型成長株に資金を投じ、10年で資産を10倍にするというものです。それを果たすためには、1年で保有株が30％の上昇を遂げる必要があり、少なくとも業績が20％以上伸びる会社を選ばなければなりません。

では、そういった銘柄はどうやって見つけ出すのか？ 5年先の世の中を予測し、その時代のニーズに応えて業績を伸ばしそうなビジネスとはどのようなものかについて想像してみることです。つまり、先を読む力が求められてくるわけで、初心者が最初からそれをこなすのは困難でしょう。その点においても、経験を積み重ねていくことが重要です。

最もパフォーマンスを期待できるのは、これまでがダメだったものの、今後には大きな期待を抱けるという会社です。しかしながら、そういった会社を探し出すのは非常に難しいのも確かで、こちらも相応の経験が必要とされます。

一方で、初心者でも比較的容易（たやす）いといえるのは、これまでに業績が伸びていて、引き続き今後も有望だという会社を探すことでしょう。たとえば、テレワーク関連や遠隔医療関連などは一過性の特需にとどまらず、今後もニーズが拡大していく可能性が考えられます。ＤＸ（デジタルトランスフォーメーション）関連にしても、コロナ収束の見通しがなかなか立たなかったとしても、いっそう普及が進むことは間違いないでしょう。

■図23 コロナ後に今亀庵さんが期待する業界

すでに業績が伸びており、引き続き今後も有望な業界

テレワーク関連、遠隔医療関連、
DX（デジタルトランスフォーメーション）
関連など

今は逆境下だが、いずれは回復が見込まれる業界

旅行業界、
ホテルを投資対象としている
Jリートなど

アフターコロナを見据えた仕込みの好機！

先ほど、「ダメだった会社が復活するパターンは最も魅力的だが、見つけるのが難しい」と述べたばかりですが、コロナ禍で業績が著しく悪化している企業の中には、今のうちに拾っておけば株価の大反発を享受できそうなところが潜んでいるはずです（図23）。

そして、アフターコロナを見据えてそのような銘柄を仕込むべきタイミングがすでに訪れているのも確かでしょう。私のように長期投資を前提とするなら、コロナ禍がいつまで続くか定かでなくとも、自分でこれぞと思った銘柄なら迷わず買えばいいと思います。

言い換えれば、世の中の景気が悪くてもこの銘柄の業績は伸びると確信できる銘柄を選ぶということです。

COLUMN

夜のおうちトレード

日中だけじゃない。PTSなら夜もおうちトレードが可能

夜間取引ができるのは3社のみ 取引時間の違いには注意

株取引は通常、証券取引所を通じて売買をします。東証であれば9時から11時30分までと、お昼休みの1時間を挟んで12時30分から15時までが取引時間となります。しかし実は、それ以外の時間に取引する方法があります。それがPTSです。

PTSとは、証券取引所を介さず株式を売買できる私設取引システムのことです。

日本では「ジャパンネクストPTS」と「チャイエックスPTS」の2つが存在します。このうち夜間取引が可能なのは前者。現在提携して投資家に夜間取引のサービスを提供している証券会社はSBI証券、楽天証券、松井証券の3社になります。日中は8時20分~16時00分（松井証券は15時30分まで）と、証券取引所よりも若干長く取引が可能です。夜間は、16時30分から23時59分まで市場が開いています。

ここで注意点があります。SBI証券は16時30分から取引が可能ですが、楽天証券は17時から、松井証券は17時30分から取引が可能となっています。このように各社提供している内容が手数料も含めて異なるため、詳細は各証券会社にサービス内容を確認する必要があります。

PTSの夜間取引は現物のみ流動性の少なさには注意

PTSによる夜間取引は、日中仕事がある会社員がトレードできるというだけではありません。

最大のメリットは15時に株式市場が閉まったあと、株価に影響を与えるようなニュースが発表されたり、海外市場で大きな動きがあったとき、翌日の株式市場が開くまで待たずに、すぐに株式を売買できる点にあります。その分、日中しか売買していない投資家の一歩先を行くことが可能になるのです。

ただし、デメリットもあります。まず、参加者が日中に比べ少ないため、流動性が低いことが挙げられます。特に小型株などはほとんど注文がないことも多く、思ったような取引が実現できない可能性があります。

また夜間のPTSでは信用取引ができないことと、指値注文だけになる点も注意が必要です。口座にあるキャッシュで買うか、保有する現物株を売却するかの取引のみになります。たとえば、日中に信用買いした銘柄をPTSで売却しようとしてもできません。

唯一、日中にカラ売りした株をPTSで買い戻しておけば、翌日PTSで買った現物株で返済するという活用方法は可能です。

深夜も取引したいなら海外市場サマータイムには注意

現在、PTSによる夜間取引をするとしても24時を超えての取引は残念ながらできません。ただ、超夜型で深夜にトレードしたいという方や、株中毒で深夜もトレードしたい方には、海外市場での取引という手段があります。国内株に限らないのであれば、時差の関係で開いている海外市場も狙

COLUMN

■夜間取引を行っている3社のPTS取引時間

	日中	夜間
SBI証券	8時20分～16時00分	16時30分～23時59分
楽天証券	8時20分～16時00分	17時～23時59分
松井証券	8時20分～15時30分	17時30分～23時59分

■海外の主な証券取引所の取引時間

証券取引所名	取引時間(日本時間)
ニューヨーク証券取引所	23時30分～翌日6時 (夏時間22時30分～翌日5時)
ロンドン証券取引所	17時～翌日1時30分 (夏時間16時～翌日0時30分)
上海証券取引所	10時30分～12時30分　14時～16時

い目です。

たとえば、ニューヨーク証券取引所では、日本時間で23時30分から翌日の朝6時まで市場が開いています。サマータイムの適用となる3月の第2日曜日から11月の第1日曜日までの期間は1時間早まって、22時30分から翌日の朝5時までになります。

またロンドン証券取引所なら、17時から翌日の1時30分まで取引可能です。こちらもサマータイムの適用となる3月の最終日曜日から10月の最終日曜日の期間は1時間早まりますのでご注意ください。

ただし、海外市場から連続して日本市場でも取引を続けると、本当に体を壊しかねません。実際、そのような個人投資家さんを何人か見かけたことがあります。睡眠不足には、お気をつけて。

第3章

3限目

含み益を積み重ねる順張り投資で株価上昇の波に乗る！

講師◉www9945先生

3限目のポイント

順張り投資の王道
ピラミッディングを学ぶ

1993年に最初に投資を始めたときは77万円からでした。その後、節約を重ね毎年100万円を貯めては株式口座に入金していましたが成果は上がらず、気づけば10年、資産は増えていませんでした。その間、本を読んだりチャート集を見たりと独学を続け、今の投資スタイルに近づいたのは2002年。それから手法に改良を重ね投資を続けるうち、いつの間にか資産は5億円となりました。

いろいろと遠回りしましたが、私の性格に合っていたのが今回ご紹介するピラミッディングによる「順張り投資」です。取引回数は多く、

300万円〜

元金の分散投資から始め、買い値から10%以上値下がりしたものは損切りし、値上がりを続ける銘柄を買い乗せしていく順張り投資。最終的には集中投資にして1年超で2倍のパフォーマンスを狙い1億円を目指す。

しかも損切りばかりになる手法ではありますが、とにかく含み損状態が嫌いで、含み益がたくさんある銘柄が並ぶ口座を眺めるのが好きな方には、ぜひお勧めしたい手法です。

皆が売りたがらない状態の銘柄を、時の流れに逆らわずに素直に買い進める、それが「順張り投資」の極意です。投資におけるさまざまな心理トラップを回避する独自の手法も紹介しました。その中心となる考え方がピラミッディングです。対極にある「逆張り投資」との違いも頭に入れながら読み進めてもらえたらと思います。万人に向くやり方はこの世にないと思いますが、私のような配当生活を目指す人に読んでいただけたら幸いです。

www9945

1993年から投資を始め、年収300万円の掃除夫から株式投資で億り人に到達。2014年に退職し、現在は5億円超の資産から受け取る配当金で生活。趣味の旅行で全国を回る50代。街歩きからの銘柄発掘が得意。
Twitter：@sp500500

1年で2倍になる株を探せ！
100万円から最短7年で億り人へ

個別株への集中投資が資産を増やすのに優位

一口に億り人といっても、その達成手段はいろいろあるかと思います。本業（労働収入）で稼ぐのもよいでしょう。しかし、貯金だけで達成しようとすると、サラリーマンであれば毎年平均300万円の貯金を34年間も続けなければ達成できません。私の会社員時代の年収がちょうど300万円台でしたので、これではほぼすべてを貯金に回すことになり、まともな生活ができません。

そこでなんらかの資産運用をする必要がありますが、その中でも株式投資は古くから存在し、ノウハウや税制、資産保全といった制度面も高度に整備されているので、優位性があります。

初めて株式投資をする人がまず出合うのが、細かい分析が不要でお手軽な投資信託や、日経平均やTOPIXに投資するインデックス投資ではないでしょうか。けれども、たとえばインデックス投資で1億円を達成するのは、非常に難しいです。なぜならばそれらの商品は、10年かけても2倍

■図24 集中投資はリターンが大きい!

100万円を1年で2倍にした場合、7年目で億り人到達

元金	100万円
1年目	200万円
2年目	400万円
3年目	800万円
4年目	1600万円
5年目	3200万円
6年目	6400万円
7年目	1億2800万円

www9945さんの実際の資産推移

2002年末	994万円	2011年末	6565万円
2003年末	1370万円	2012年末	1億59万円
2004年末	2148万円	2013年末	2億53万円
2005年末	4518万円	2014年末	2億537万円
2006年末	3688万円	2015年末	2億4911万円
2007年末	3845万円	2016年末	2億7745万円
2008年末	2992万円	2017年末	4億2838万円
2009年末	4710万円	2018年末	3億5649万円
2010年末	5439万円	2019年末	5億3700万円

※1993年から2002年までの10年間は毎年100万円の入金を行っており、投資の成果としては鳴かず飛ばすだった

がいいところです。もし今、資産が5000万円あるならば、2倍にできれば億り人到達ですので、インデックス投資という選択肢はありです。しかし、資産100万円を100倍にするような大きな成果を求めることはできません。

そこで行き着くのが個別株への直接投資となります。また銘柄を分散してしまうと、結局パフォーマンス(運用成績)がインデックス投資に近くなってしまうので、いい銘柄に集中して資金を寄せる必要もあります。もし仮に、1年で2倍になる銘柄に集中投資できれば、図24の左側のように、元手資金100万円でも倍々ゲームで、最短わずか7年で1億円を超え、億り人達成です。参考として、私の実際の資産推移も掲載します。

私の手法は、はじめは分散しつつ、1年から1年半で2倍になりそうな調子のよい銘柄に徐々に資金をシフトするスタイルになります。

「順張り投資」と「逆張り投資」どちらの手法を選択するか

投資手法の2大巨頭「順張り投資」と「逆張り投資」

実際に、1年で株価が2倍になる株を確実に見つけ続けるのは容易ではありません。私の場合は、今回紹介する手法以外にも高配当株や海外株を買うなどしていますので、今の投資手法にたどり着いてからの15年間の年平均パフォーマンスはプラス23％です。しかし、働いて得たお金を節約して入金するなど、さまざまな工夫を組み合わせて現在5億円を超える資産を持つに至りました。

個別株投資の投資手法には、大きく「順張り投資」と「逆張り投資」があると思っています。「順張り投資」は、企業の業績が伸びることに伴って株価も順調に伸びている銘柄に投資する手法です。一方、「逆張り投資」は株価が右肩下がり、もしくは急激に下げたような割安銘柄に投資し、株価反転の機会を狙う手法です。前者はグロース投資、後者はバリュー投資とも呼ばれます。

この2つの手法にはそれぞれメリット・デメリットがありますので、ここから少し具体的に紹介したいと思います。

順張り投資では株価が右肩上がりの銘柄を狙う

順張りは、株価が順調に値上がりしている銘柄に投資する手法です。具体的には5年や10年チャートを見て、株価のグラフがゆっくり順調に右肩上がりを続けている銘柄に投資するのが理想です。そのような銘柄は往々にして人気株となるため、株価は割高とされる水準にあることも多いです。株式市場で株価が割安かどうかを判断する基準として使われるPERが高い状態です。

理想は、その後も数年をかけてじっくりゆっくりと株価が上昇を続けることです。もちろん何かの材料をきっかけに株価が急騰する場面があるかと思いますが、その場合は売却を検討します。あくまでも順調に伸びることが理想です。

順張り投資で重要な「新高値」という考え方

この手法でよく耳にするのが「新高値」（図25）です。新高値をつけた銘柄はよいとされ、私としてもいっそうの買い増しに動く動機になります。新高値とは、ある一定期間の間の株価でこれまでに売買されたことのない新しい高値で取引がなされたということを意味します。

その銘柄が市場に上場されて以来の高値を「上場来高値」、その年の高値を「年初来高値」、昨年以降の高値を「昨年来高値」といいます。株価チャートが右肩上がりの銘柄であれば、頻繁に新高値を更新する場面に遭遇することになります。

では、なぜ新高値が重要なのか。それは、株を買う側と売る側の心理を紐解くと見えてきます。

新高値は株を買いたい人が売りたい人より多い状態

まず株を買う側から見ると、これまでその銘柄は新高値より安い値段でずっと取引されていたのですから、いくらでも安い値段で買えたチャンスがあったわけです。しかし、それを待たず高値更新したということは、これまで取引されていなかった高値でも、その株が今すぐ欲しいという投資家が現れたということになります。そこまで、その銘柄の将来性にほれ込んだ投資家がいるという証明になっているのです。

次に株を売る側から見てみます。新しい高値がついたということは、それまでその株を購入した人すべてが含み益となっていることを意味します。もし、含み損を抱えた投資家が大勢いる場合、株価が上昇し含み損が減ってくると、その株を大量に売却する可能性があり株価の上昇を妨げる要因になります。しかし、誰も含み損を抱えていない状態の場合、特別な理由がない限りもっと利益が出るかもしれないと売却は先送りされます。結果、株価は下げる要因が少ない状態が発生します。

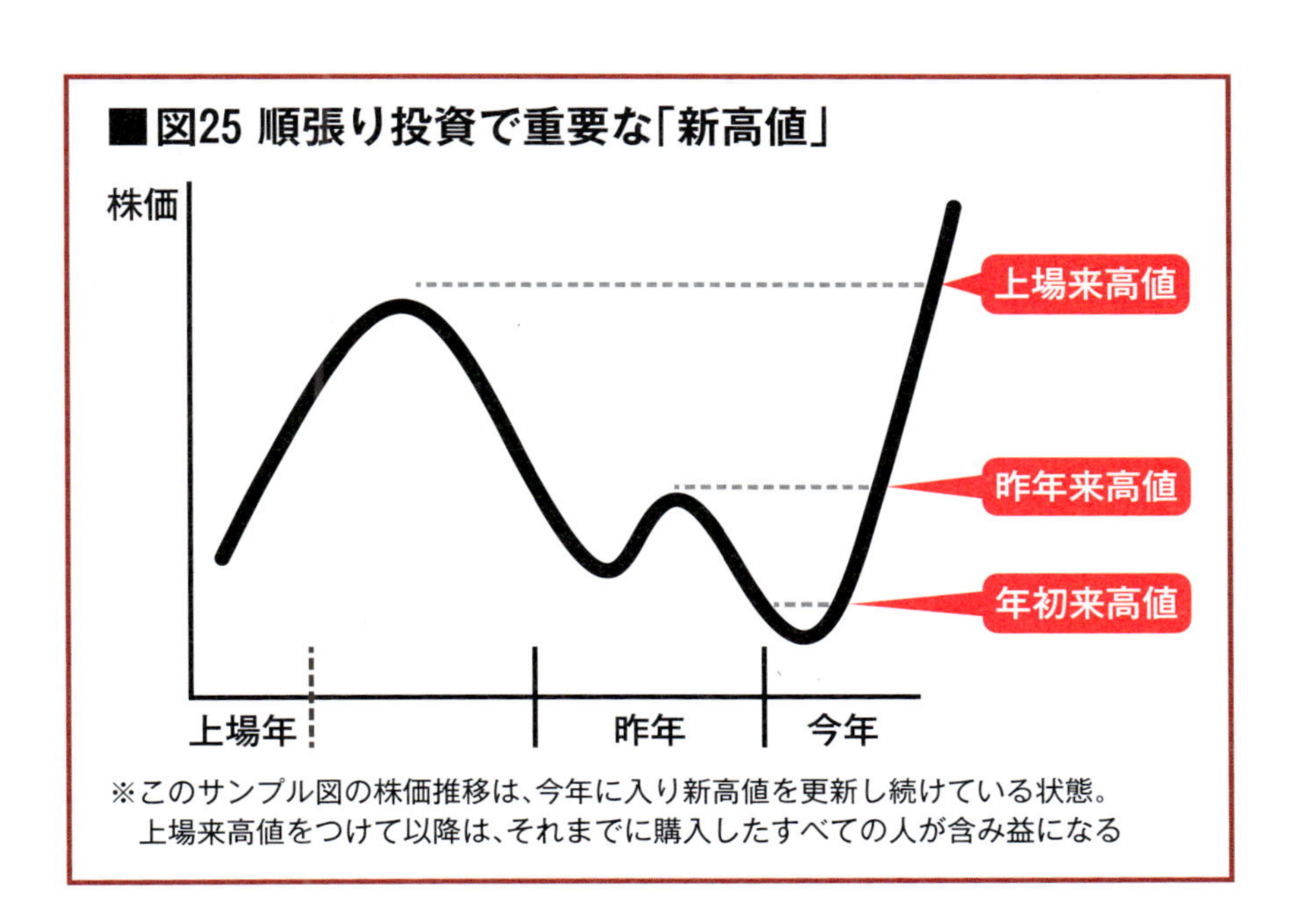

このように、株価が順調に上昇を続けている銘柄は、常に強い値動きを続ける傾向があります。その株を買いたいと思っている人が大勢いるところに自分も乗っかり、それに素直についていくという手法が「順張り投資」になります。

順張り投資の買い方

基本的に5年や10年といった長期の株価チャートを見て右肩上がりの銘柄を探します。これは『会社四季報』をパラパラめくりながら一番上のチャートを見ることでも簡単に見つけられます。ただし『会社四季報』のチャートは表示年数が短いので、必要に応じてネットの情報サイトで長期間のチャートを確認するとよいでしょう。

買いのタイミングは常にいつでもよいことになります。もちろん暴落時や日経平均が大幅に下がった日などに購入するのが理想ですが、基本的に株価は右肩上がりを続けているわけですから、いつ購入しても問題ありません。決算の数字を予想できるスキルのある人は、その前後をあえて選ぶのもよいでしょう。

順張り投資の売り方

一方、売りのタイミングですが、基本的に買い値から10%下がった段階が売りのポイントとなります。これは資産形成のために非常に重要なポイントです。図26のように、10%の損失を取り返すには、次にプラス11%の値上がりを取れれば元に戻ります。しかし、もし20%減らしてしまうと取り返すのにはプラス25%、30%減らしてしまうとプラス43%の成果が必要になってきます。ですので、損失は少ないうちに処理したほうがよいという考え方です。もともと順張り投資の前提が右肩上がりに株価が推移する銘柄に投資しているということなので、下がってきたら手放すという行為は理にかなうことになります。

投資の世界を問わず、資本主義では資本（お金）を持っているほうが圧倒的に有利です。100万円しか持っていない人が100万円を稼ぐには資産を倍にしなければなりませんが、1億円持っている人は1%の配当金をもらうだけで100万円を手にすることができます。したがって、現在の投資金額が仮に200万円だとすると、それを半分の100万円に減らしてしまう行為は、取り

■図26 より多く持つ者が優位になる資本主義

資本主義社会に生きること
= **資本がある人が圧倒的有利**

・同じ100万円を得る手段でも…
・100万円を見事なトレードで2倍にする
・1億円で利回り1%で100万円を得る

資産が多いほうがラク!

資本のある人が圧倒的有利
= **資産を減らすと不利**

・100万円を30%減らし70万円にすると、43%上昇しないと元に戻らない

資産を減らすことは極力避けよう!

損失	取り返すには
−10%	11%
−20%	25%
−30%	43%
−40%	67%
−50%	100%
−60%	150%
−70%	233%
−80%	400%
−90%	900%

返すことが困難になるので非常に危険なのです。

逆に、働いたり節約するなどして入金ができると、資産形成には非常に有利になります。どのくらい入金ができるかと、どのくらいのリスクを背負うかは人それぞれ違ってきますが、これが常々大切だといわれる資金管理の一端になります。

利益が出ている場合ですが、私の場合、株価の勢いがまだ強いと判断すれば売却せず、むしろ可能な限り買い増しをしながら株価の推移を見守ります。そして2倍以上になった株価が天井圏から20〜30%下落した段階で、値上がり基調が終わったと判断し一気に売却を進めます。

なお、買い値から値下がりしてしまった場合に買い増しをするいわゆるナンピンについてですが、原則しないと考えてください。右肩上がりを想定した株価が予想に反して下落したのですから、そこで追加して買うことは、順張りのコンセプトか

ら外れる行為になります。なお、上級者になれば下落の要因分析などをして個別に判断し、状況に応じては買い足す場合もあり得ます。

以上、順張り投資の特徴をまとめると次のようになります。

●銘柄選びは財務諸表が読めなくても可能
●取引で判断をすることは逆張りに比べて少なく、ある程度機械的にできる
●株価は右肩上がりを前提とするので、投資の成果を日々実感しやすい
●株価が順調に伸びているかを見続ける必要があり、損切りも早く行う必要がある
●損切り売買はストレスだが、含み損状態は少なく、その点のストレスは少ない

逆張り投資では割安な株の適正価格化を狙う

逆張り投資とは、なんらかの要因で株価が値下がりした銘柄、あるいは人気がなく割安に放置されている銘柄に投資する手法です（図27）。割安な状態になっている株を購入する手法になりますが、割安の理由はいろいろ考えられます。業界全体が斜陽であり人気がないとか、何か不祥事が発覚して短期的に需給が崩れて暴落しているなどが考えられます。

いずれにせよ、株を買いたいと思っている人が少なく、売りたい人が多くいるため割安になっている状態になります。この手法は長期で見るとリスクが少ない手法ともいえます。実際の会社の価

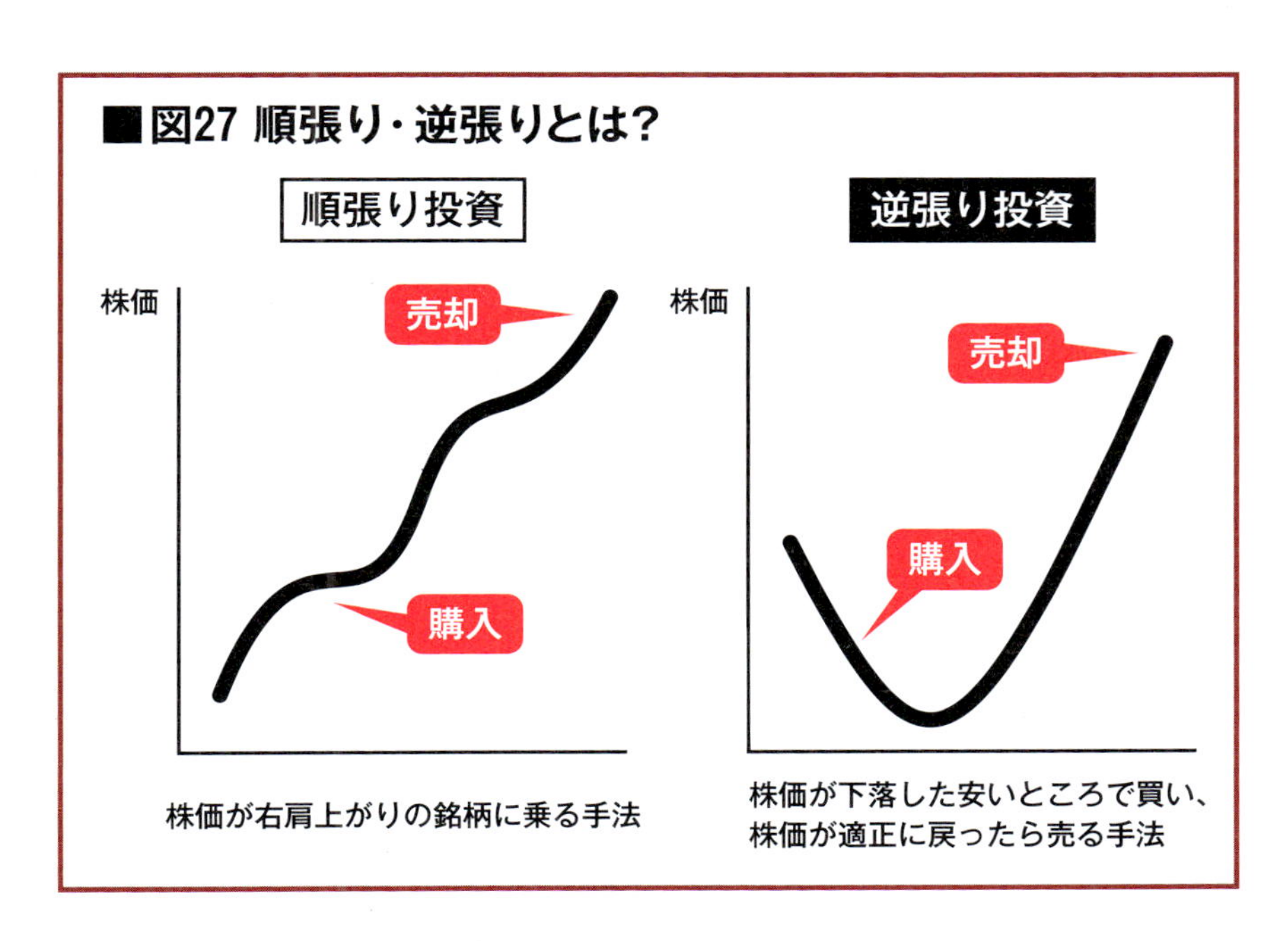

値に対してなんらかの理由で株価が安く取引されている状態といえるので、将来的にはその状態が解消し人々の評価が変わることで、株価の値上がりを期待することができます。

ただし、その評価がいつまでも変わらず、株価が割安のまま変化しないという可能性（バリュートラップという）もあり得ます。

また会社価値より株価が割安になっているため、さらなる株価の下落は少ないと見ることもできますが、一方ですでに異常値として割安状態になっているので短期的にはいっそう異常な割安状態になる可能性もあります。ということはつまり、株価の底を見極めることは極めて困難であるといえると思います。

基本的には、いつ人々の評価が変わり、値上がりするかわからないため、じっと待つ忍耐力が必要な投資手法といえます。

逆張り投資の買い方

基本的に割安を見つける方法は2つあります。一つは財務諸表などを見て、保有資産と株価の評価のギャップを算出する手法です。これは「バリュー投資」とも呼ばれる手法で財務諸表の分析力などが必要になります。また、株価の下値は堅いと考えられるものの、先に述べたバリュートラップを回避し株価の値上がりを期待するには、株価が上昇に転じるきっかけのようなものが必要となります。

もう一つは短期間の需給のバランスの崩れを狙うものです。たとえば、不祥事などのニュースで株価が大きく下落したところで、将来の業績や企業価値には影響が少ないと判断し購入するパターンです。この場合は財務諸表を読み解くパターンとは異なり、比較的短期間での値上がり益を期待できるでしょう。

しかし、株価が下落を続けている最中に割安と思って買っても、さらに株価が下がるということがあり得ます。たとえば、コロナ問題で日経平均が大幅に下落したところで買い向かった場合、どこが底かを見極めることは極めて困難な状況だったことは記憶に新しいと思います。買ったタイミング次第では、利益が出る水準にまで株価が戻るのを待たなければなりません。

また、買い値から株価が下がり含み損となった場合は、株価が戻るまで待つか、追加で購入（見た目はいわゆるナンピンと同じ）するかの対策を取りますが、それでもそれ以上下がった場合に、どこまで含み損に耐えるかの忍耐勝負になります。

逆張り投資の売り方

一方、売りのタイミングですが、含み損の場合、資本主義の原則からいえば先に述べた通り10％含み損となったら損切りをするほうがよいのですが、逆張り投資では損切りは非常に難しくなります。もともと割安と思って購入するコンセプトの手法なので、もっと割安になった場合、買い増すことが正しい行為となるためです。

それでも損切りをする場合は、購入時点で割安と判断した自分が間違えていたと認めることが必要になります。また短期のリバウンド狙いで投資した場合は、株価の戻りが実現しなければ、適切な時期に損切りをする必要があるかもしれません。

なお利益が出た場合は、基本的に自分が市場からの正当な評価としての株価に達したと思えるタイミングとなるのが一般的かと思います。

逆張り投資は、株価の下落に対してナンピンできるそれなりの資金があることと、含み損を抱えても長期で保有する覚悟が必要な投資といえます。その場合、含み損銘柄を利益が出るまで保持しなくてはならず、資金拘束が発生し、ほかによい銘柄が見つかっても容易に乗り換えることが困難になります。

以上、逆張り投資の特徴をまとめると次のようになります。

●株価が下落しもっと割安になった場合、チャンスと考え喜び買い増しする
●下落に際し買い増しができる資金の余裕が必要
●含み損を抱えても市場の評価が変わるまで我慢が必要、ゆえに売買の時間軸は長め
●損切りが難しい
●短期のリバウンド狙いは大底の見極めが重要

ここまで、大きく2つの投資手法を紹介しましたが、おうちトレードがある程度できる方で、取引回数が多少多くなってもよいのであれば、個人的には順張り投資のほうが向いている方が多いと思います。私の場合は「順張り投資」が性格面でも資金面でも、自分にとって最適だと思い取り組んでいます。

順張り投資の独自追加ルール

私の売却ルールについて追加でお話ししたいと思います。

まず「損切り10%ルール」です。これは実際には売却したあと、もう一度買いなおすか本当に撤退するかを判断します。実は一度完全撤退したあとで、やっぱりその銘柄がいいなと思っても、撤退時より株価が上昇していると、もう一度同じ銘柄を買うのは心理的に非常に抵抗があり難しくなります。なので、損切りのタイミングで継続するかを判断します。

たとえば、買い値から10%下がったアルテリア・ネットワークス(4423)の場合、次の決算まであと14日というタイミングだったので、好決算に期待して完全撤退はせずにもう一度エントリーしました。買いなおすので損切りラインはもう一度リセットされます。ただし、これを頻繁にやりすぎると10%ルールの意味がなくなってしまいますので、慎重な判断が必要です。

そのほか、保有銘柄になんらかの事件が発覚した場合は問答無用ですべて売ります。市場にはほかにも順調に株価を上げている銘柄は探せばいくらでもあるはずで、不祥事を抱えた銘柄をリスクを負ってまで保有し続ける必要はないと判断します。減配も順張りのコンセプトから外れるので売りです。

利益確定の場合は、少し株価が落ちてきたと感じたところが売りのタイミングで、半分売りか、全売りの2択で臨みます。どちらを選択するかはケースバイケースですが、その後にどれだけ好材料が残っているか、またその時点でポートフォリオに占める割合なども考慮します。順張り投資の場合、あまりに順調に株価が伸びると1銘柄だけでポートフォリオのほとんどを占めてしまう場合があるので、その場合の調整の意味もあります。

それでは次に、順張り投資の王道だと考えているピラミッディングを用いた順張り手法を紹介したいと思います。

順張り投資の王道
ピラミッディング取引の具体例

分散投資から始めて、値動きが強い銘柄への集中投資へ

ここからは順張り投資の投資手法について、具体的に説明していきます。

まず手元資金として、スタートが３００万円なら50万円前後で６銘柄、１０００万円なら50万円前後で20銘柄購入します。銘柄選定については、次で具体的に解説しますが、ひとまずスタートラインは平等に分散します。そして、しばらくそのまま株価の推移を見守ります。相場の地合い（雰囲気）がよければ購入銘柄のほとんどが値上がりするでしょう。一方、個別には購入時から値下がりし、含み損となる株が出るはずです。そこで購入金額からマイナス10％となったものは損切りし、株価が伸びている残りの銘柄を買い増ししていきます。この作業を、私は「雑草を刈って花を育てる」と呼んでいます。

手間のかかる作業ですが、株の売買が好きな人にとってはそれほど苦痛ではないでしょう。

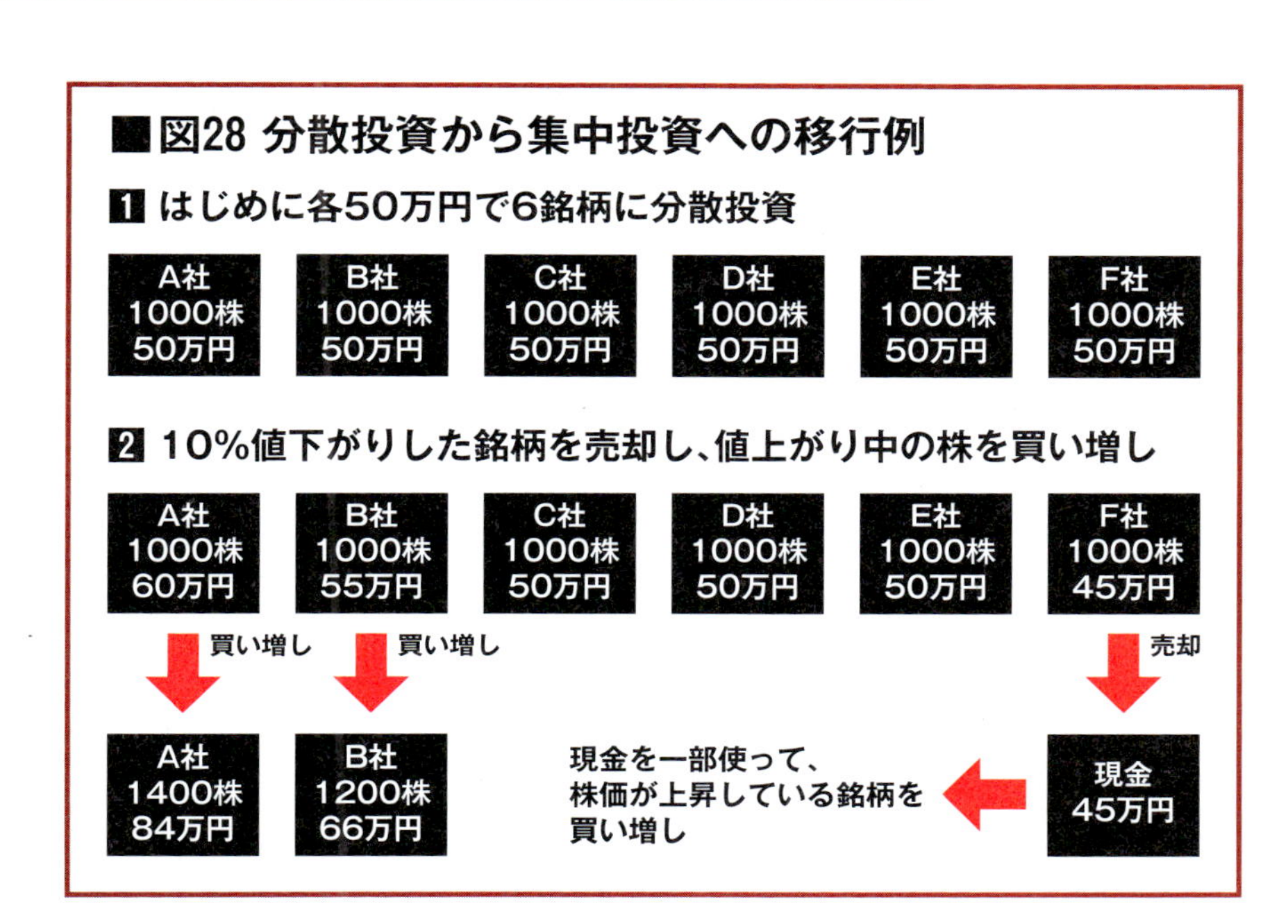

　また、こうすると損切り取引が自動的に多くなるので、この銘柄で損したという話題はいくらでもできるようになります。儲かった話ばかりをすると他人から妬まれたりするので、その点、損失話が増えるのはよいかもしれません。ちなみに損切り回数が多い割に、利益確定の回数は非常に少ない手法なので喜ぶ回数は少ないですが、摘み取る花（取れる利益）は必ず大きなものになります。

　ここで取引の一つの工夫なのですが、この手法は躊躇（ちゅうちょ）なく機動的に株を売買することが求められます。売買を躊躇してしまうような要因は極力避けたいので、たとえば、持ち株数はあえて心理的に不安定な３１００株といった素数や奇数になるのを理想としています。図28のような１０００株とか１万株といった区切りのいい数字にはあえてしません。私が例え話でよく言うのが、お財布の中の１万円札は支払いに使いづらくても、１００

0円札に崩れるとついつい物を買って手放すことが容易になるというものです。私の順張り投資の場合、この機動的に動かせる1000円札こそが、中途半端な株数の状態になります。

また悩ましいのが優待銘柄です。優待のある銘柄は人を引きつける力が強すぎます。売るときに覚悟というかエネルギーが必要になるのですが、資産を増やすためにはやむを得ないと思って、そこは思い切って売却します。

順張り投資の王道、ピラミッディングとは？

次に重要になるのは「ピラミッディング」という考え方です（図29）。

一般的に、購入単価の安い状態の株を基準に、株価の値上がりに応じて買い増ししていくことを指し、その購入株数が徐々に少なくなっていくことから、ピラミッドの構造に似ているとしてこのように呼ばれます。私の知る限り、個人で何十億円という財を築いた個人投資家はこの手法をとっていることが多いように思います。某有名投資家さんは、購入株数を減らさずに同じ株数買い進めて、ピラミッディングではなく〝ビルディング〟にしているとも聞きます。

ピラミッディングといっても実際にはきれいにピラミッド形になるわけではなく、途中からは単元株100株をひたすら積み増していく形になるので、スカイツリーのようなタワー形になるのが実態かなと思います。

ピラミッディングは株価監視のアラート役

なぜこのような手間のかかる買い方をするかというと、株価に関心を持ち続けるためです。たとえば、１０００円の株が１２００円になる過程で、20円刻みで株をピラミッディングで購入したとします。１２００円がいったん１１００円に値下がりした場合、先の平均取得単価で見ると、まだ含み益があるというようにしか見えません。しかし、このピラミッディングで見た場合は、左図上の上位５つが含み損状態に見えます。利益が出ている段階でのピークからのマイナス10％は売却で

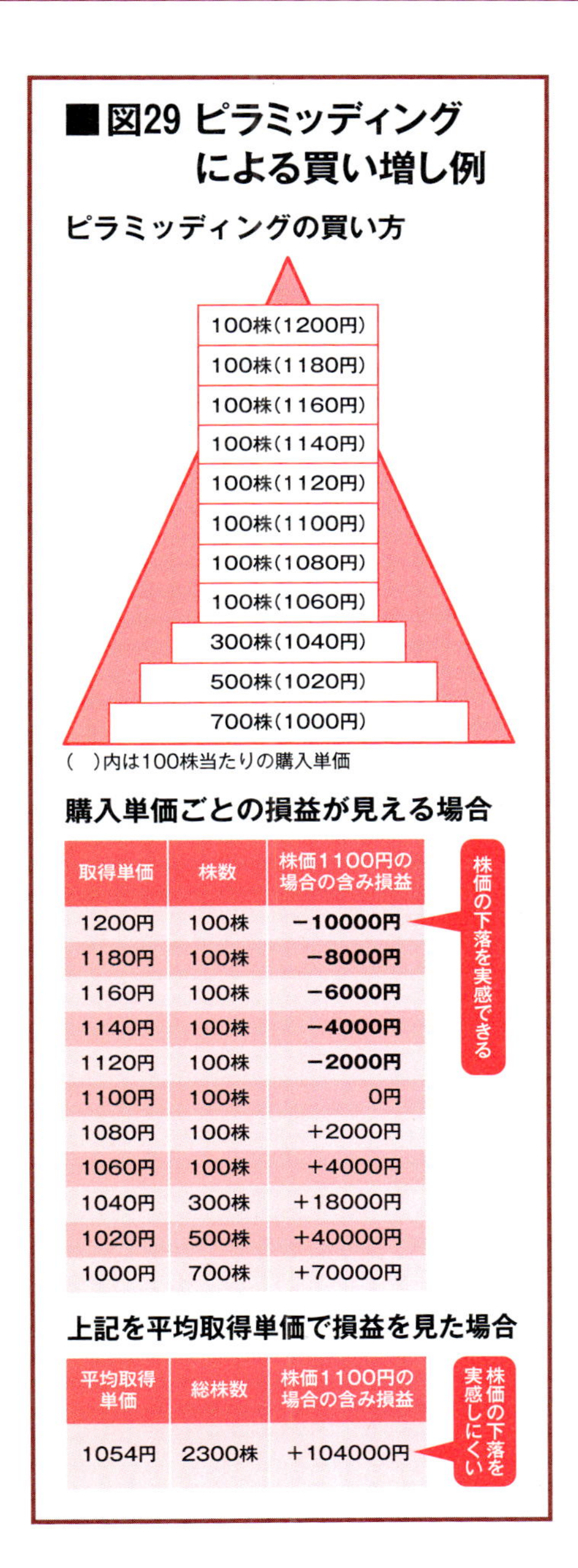

■図29 ピラミッディングによる買い増し例

購入単価ごとの損益が見える場合

取得単価	株数	株価1100円の場合の含み損益
1200円	100株	−10000円
1180円	100株	−8000円
1160円	100株	−6000円
1140円	100株	−4000円
1120円	100株	−2000円
1100円	100株	0円
1080円	100株	+2000円
1060円	100株	+4000円
1040円	300株	+18000円
1020円	500株	+40000円
1000円	700株	+70000円

上記を平均取得単価で損益を見た場合

平均取得単価	総株数	株価1100円の場合の含み損益
1054円	2300株	+104000円

はありませんが、株価2倍を狙う過程でピークから30％以上下落した場合は、上昇トレンドが崩れていると判断し売却の検討対象にするので、この含み損の割合がアラートの役割を果たすのです。

順張り投資は値動きを追いかけることが仕事になります。その銘柄への関心を持ち続けるために定期的に買い足すという行為が重要で、特に区切りのいい値段や新高値などの記念碑的な金額では必ず買うことにしています。また、決算後には必ず１００株でいいので売り買いをすることにしています。株価が強い場合は追加で買い、弱い場合は一部売却をします。これも株の値動きを頭に叩き込む作業の一つになります。

信用取引のメリットと現物取引の場合に必要な追加対応

このピラミッディングの手法は、実は信用取引だとダイレクトに効果がありますが、現物取引だと一工夫必要になります。現物取引の場合、すでに保有済みの株とあとから購入した株が完全に合算され、表示上では平均取得単価が少し上昇するだけになってしまいます。そうするとピラミッディングの個別購入単価ごとのアラート効果が発揮できません。一方、信用取引だとその特性上、購入日が違えば購入株数と購入単価がすべて別々に表示され管理することが可能になります。

ですので、私の場合は口座に現金があっても信用取引で新規購入をしています。信用取引は非常に危険なものという人もいるかもしれません。そのような人は、現物取引のうえで、いつ・いくらで・何株購入したかをエクセル表などで独自に記録し、管理するといいと思います。

信用取引の期日前には現引き対応で

ここからは、信用取引にある程度詳しい方への追加説明になります。私が行っている実際の取引では、株価が上昇する過程で現物ではなく信用取引で買い進めていきますが、ピラミッドの上の部分が大きく溜まってきたら、順次買い単価の低い部分を現引きしていきます。

現引きとは、信用取引による株購入時に証券会社から借りたお金を全額返済する代わりに、先の購入済み株式を引き取る取引のことをいいます。これにより、過去の株価で購入した株が現物株に加わることになり、現物株の株数も平均取得単価も上がります。

こうすることで、それまで担保としていた現金がなくなる代わりに現在の株の評価額が担保に加わり、含み益が大きい分、担保価値が増える効果があります。また、信用取引では半年に一度清算をする必要があり、そこで売買をすると利益が確定し税金の支払いが発生しますが、現引きをすることで含み益状態で持ち越せるので、税金の支払いを先送りすることが可能となります。

もし株価が１０００円から２０００円に上昇する過程でピラミッディングをした場合、現物株の平均取得単価が１２００円で、信用取引の平均取得単価が１６００円となっているぐらいの状態を理想としています。

順張り投資向きの銘柄選びはチャートと企業の成長ストーリー

チャートから銘柄を選択する3つの技

ここからは順張り投資をする対象の銘柄選択について説明します。銘柄を選択するには大きく2つの条件がそろう必要があります。一つには、株価がきちんと順張りのチャートを描いていること。そして2つ目は、その事業が今後も順調に伸びていくストーリーが描けていることです。

まず順張り投資に値するかをチャートでチェックする場合は、以下の3点のどれかに注目します。

①年初来高値、上場来高値

②月足抵抗線を抜ける

③カップ・ウィズ・ハンドル

①のいわゆる新高値は、順張り手法を紹介した91ページにて、その意味を詳しく説明したので割愛します。ちなみに年初来高値などは証券会社のアプリなどで確認できます。

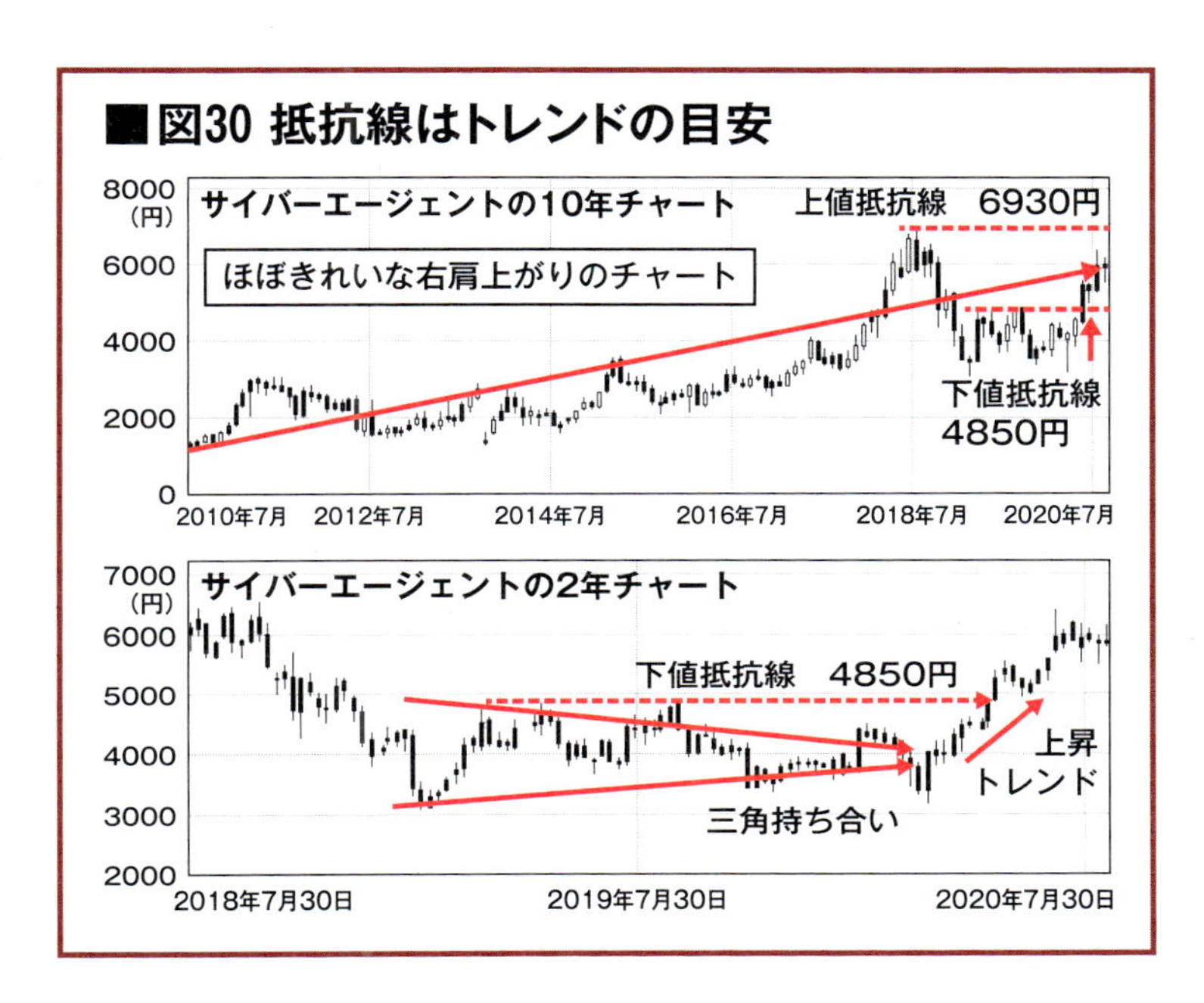

上値抵抗線を抜けたらさらに買い

②の月足抵抗線ですが、ここではサイバーエージェント（4751）の株価を例にご説明します（図30）。まず、10年チャートを見ると2018年に大きく上昇し上場来高値6930円をつけていますが、全体としては右肩上がりです。

次に、直近の2年チャートを見てみます。線を引いた1年ぐらいの間では値幅が徐々に縮小しています。これを三角持ち合いの状態といい、この線が終結したのち、上下どちらに株価が動くかでトレンドが決まるといわれています。ちょうど2020年3月から上に向かい、5月頃にはこの持ち合いのスタートの上値である4850円付近を超えてきました。

このラインを下値抵抗線とし、上場来高値を上値抵抗線として、このラインを超えて値動きした際には強いトレンドとして認識します。上に抜けた場合は、さらに買い増しを進めます。下に抜けた場合は含み益があっても撤退を考えます。

カップ・ウィズ・ハンドルは大相場の発射台

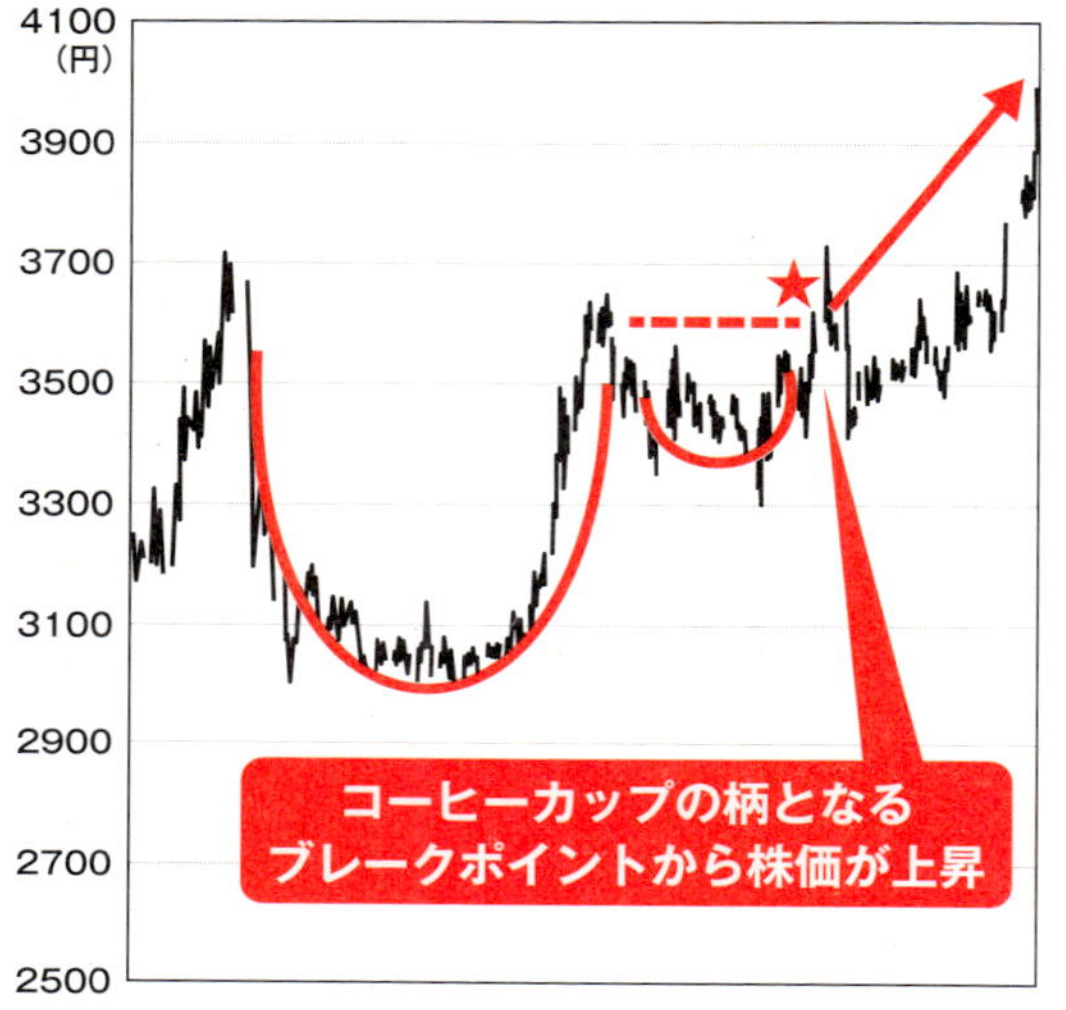

３つ目は『オニールの成長株発掘法』（パンローリング社）でもチャート例で取り上げられている「カップ・ウィズ・ハンドル」です（図31）。これは、株価の下落局面でチャートが柄のついたコーヒーカップのようなラインを描く場合に、中長期的な株価の底値を判断できるパターンといわれています。

この人間心理を文字にするなら、一度大きな底（カップの底）を打ち反転、しかしまだ下がるのではないかという心理を試す小さな下げ（カップの柄の部分）があり、最終的にそれをも乗り越えて上昇トレンドに向かうというシナリオを示すチャ

■図31 カップ・ウィズ・ハンドルの例

ートといったところでしょうか。感覚的には新高値と同じような投資家の心理状況と考えられます。この形状が出たら強気です。

株価の推移がこのような状況下にある銘柄が投資対象の候補となります。

街角ウォッチングによる銘柄選択術は、街とともに瀕死状態

次に事業が今後も順調に伸びていくストーリーが描ける銘柄選びになります。

人それぞれ投資対象とするのに得意な分野や銘柄があるはずと思いますが、私はＢｔｏＣと呼ばれる、企業が個人向けにサービスや商品を提供する業態のビジネスが得意です。実際の投資対象も８割から９割がそういったビジネスモデルです。

なぜ好きかというと、必ず自分が利用者の一人となるので、ビジネスの良し悪しがよくわかるからです。今でいうとサイバーエージェント（４７５１）、エフピコ（７９４７）、アルテリア・ネットワークス（４４２３）、東映アニメーション（４８１６）などです。

私の銘柄選択の代名詞といえば、各方面ですでに取材され記事になっている通り、「街角ウォッチング」です。頻繁に繁華街を歩きテナントの撤退や出店、客の入りなどを確認して、決算が出る前にその数字を感覚で予想し先回り買いをするというものになります。

しかし、コロナの影響で現在は完全に街角が死んでいるため、これは伸びるという銘柄が見つか

らない危機的状況にあります。ですので、必死に自身の日常生活で変化した部分を探しています。たとえば、飲食店での会食はまったく回復の気配がない中、ウーバーイーツや出前館などのビジネスが伸びるという想像は比較的簡単でしたが、前者は本家米国で赤字だし、後者は財務体質がいまいち。そんな中で、ツイッターで見つけたのがエフピコです。食品トレイやお惣菜の容器を作っている最大手の会社ですが、これなら誰もが必然的に必要とするのではないかと。よくいわれる米国のゴールドラッシュで儲けたのはゴールドを掘り当てた人ではなく、その人たちに採掘道具を売った人たちという逸話も思い出します。

このコロナで意識したのは、リアルなビジネスから非リアルを扱うビジネスに資金が流れていくのではないかということです。サイバーエージェントのＡｂｅｍａＴＶしかり、実写映画のように役者による撮影が不要で、製作工程をある程度リモートで行える東映アニメーションなどがその発想から導き出された企業です。そして、その非リアルを家庭内に届ける役割を担う通信業者がアルテリア・ネットワークスといった具合です。

情報ツールは多いほうが有利

それ以外にも、株関係のツイッターをフォローするとともに、『日経ヴェリタス』やニュースを丁寧に見ていくことも銘柄発掘につながります。ツイッター、オフ会、四季報、株探のテーマ検索など、会社を調べるツールは大切で、沢山あると力強い味方になります。

たとえば、コロナ対策で室内の換気について専門性を持っている上場企業はないかなと思っていたところ、アズビル（６８４５）は京セラドーム大阪の空調設備を一手に取り仕切っているという話をＳＢＩのアプリのニュースで知ったりしました。

一方で、株関連のＹｏｕＴｕｂｅ動画は、すでに紹介者の購入済み銘柄の推奨や紹介になっていることが多く、銘柄発掘という意味では、新しい銘柄との出合いには向かない印象があります。その点、本はレベルが一定以上あるので初心者にはオススメかと思います。『ピーターリンチの株で勝つ』（ダイヤモンド社）などは、銘柄は古いけれど考え方は今でもとても参考になります。

銘柄も手法も世の中にはたくさん存在します。私の投資手法も現時点が完成形だとは思っていません。最近感じていることは、心の赴くままにトレードをすると絶対に損をするようになっているのではないかということです。それが、投資の初心者が儲からない唯一の理由なのではないかとさえ思えます。

どこか手法の中にストレスや我慢が必要になる部分があって、初めて儲かるトレードができるのではないかと思います。そして、できることならそのストレスや我慢を工夫で取り除くことはできないかを日々考えています。

テレワークの推進などで、おうちにいる時間が長くなる中で、ここで披露した投資手法や考え方が、皆様のさまざまな気づきの一助になれば幸いです。

COLUMN

本当に怖い「追証」の話

恐怖の追証発生！ そのとき何が起こるのか？

市場から退場してしまう一番の原因は信用取引!!

株式投資をしている個人投資家をウォッチしていると、時折ネットのSNS上で「退場しました」というコメントを目にすることがあります。

その場合、信用取引を使った取引で大きな損失が発生し、「追証（おいしょう）」と呼ばれる状況に陥ってしまったケースが考えられます。先日も、この追証になり急遽現金を用立てる必要に迫られ、自身の大事なコレクションや私物を泣く泣くメルカリで売却したという投資家さんがいました。

追証とは、追加保証金の略称で、保証金を追加しなさいという意味になります。この保証金とは委託保証金のことで、信用取引の担保になる部分にあたります。つまり借金の担保が足りない状態なので、追加で担保を用意せよということです。

追証を放置すると保有株の強制売却が

この状態を回避するには、2つの方法がありま す。一つが先の事例のように現金を口座に入金して担保を増やすこと。もう一つが資金を借りて購入していた株を売却して返済する（借金を減らす）ことです。後者の場合、口座の限度額いっぱいまで購入した株が3割以上値下がりしていると、この手立てを打っても状況は改善しません。そして、いずれの対策をとる場合も2日以内という非常に短い期間での対応を迫られます。

ちなみに、この担保が足りない状況を放置、もしくは解決したくてもできないとどうなるかというと、まず信用取引で購入していた株を強制的に売却させられます。そして、おそらくこのような状況に追い込まれていれば、後述する現金不足も発生していると考えられるので、現物で保有していた株も強制売却され、現金化されてしまいます。それでも現金が足りないと、本当に証券会社に対する返済義務のあるリアルな借金が発生します。

意外と簡単に発生する「不足金」仕組みを知らないと本当に危険

もう一つ、簡単に現金不足により保有株の強制決済をされてしまうケースをご紹介します。

例として、口座に入金してある資金をほぼすべて使い切って株を買っている状態、いわゆるフルポジション（フルポジ）の状態を想定します。この状態で、非常に魅力的な株が見つかったとしましょう。

通常なら、保有株のどれかを売却して現金化し、その現金で魅力的と思う株を買います。しかし、どうしても保有株も捨てがたく売りたくないというときに、信用取引を使って証券会社から一時的に資金を用立てることで、その株を買うこともできます。

実際、その株を買うために用立てた資金が、全保有資産に対して非常に少ない金額ならこの時点ではなんの問題もないはずです。

例として10万円の株ということにしましょう。ところが、値上がりの目論見が外れ、その株が買い値より下落して9万円になってしまったとしま

COLUMN

す。もう値上がりする余地もなく、損失が拡大しないうちに早めに損切りしようと売却を決意します。

このとき、証券口座の現金が1万円を切っていると、証券会社によって多少異なりますが、最悪の場合3日後にいきなり保有株のどれかが自動的に売却される事態が発生します。これが「不足金」発生による強制決済です。

もともと証券会社からは10万円を借りて株を購入していました。なので、株を売却した時点で10万円を耳をそろえて返済する必要があるのですが、売却して手にした額は9万円しかありません。

したがって、あと1万円を自分で用意する必要があるのですが、口座の現金が1万円を割っている状態で放置すると、返済用の現金を作るために強制的に株が売却されるのです。このとき、売却される銘柄は自分で選ぶことはできません。

このように信用取引で株を購入する場合は、値下がりして損切りする際の現金の手当てを意識して、取引する必要があるのです。

第4章

4限目

失敗からは何も学べないチャートとのおしゃべりで月利5%を確実に稼ぐ

講師◉山下勁先生

4限目のポイント

月利5%、8年で1億円達成は大学受験程度の努力でできる

投資歴も15年になり、株で毎年コンスタントに1億円稼げるようになった僕から言わせてもらうと、株式投資を真剣に続ける意志のある人なら、月利5%の利回りで資産を増やすのは、大学受験レベルの勉強と努力をすれば達成できます。

月利5%の複利運用なら、元手100万円が1年後には179万円、2年後には322万円、4年後には1040万円、7年後には6024万円、そして、ちょうど8年で1億円の大台を突破できます。

一獲千金とか一発逆転とか、そんなドラマチックなことは考えず、

『専業主夫けいくんのほったらかし投資で1億円稼ぐ株ドリル』
定価:1400円+税
好評発売中!

元金 100万円

手法 チャートと「おしゃべり」するための5つの目印をマスターし、上昇トレンドの押し目買いのみに焦点をあてた「中期移動平均線折り返し」で丁寧に取引。月利5%の複利運用を続けて8年で1億円到達を目指す。

売買ルールをしっかり決め、値動きの研究を怠らなければ簡単です。

僕の手法は、チャートを使ったテクニカル分析なので、一度決めた売買ルールをきちんと守ることで成功を積み重ね、その成功体験から学ぶこと。よく「失敗から学べ」といわれますが、失敗からは何も学べないと僕は思っています。失敗はすぐに認めて、諦めましょう。

専業主夫として子育てしていると、子供ときちんと向き合って丁寧に接するのが大切だな、と実感します。それは株も同じ。月5%の利回りで稼ぐのは、結構、地味な作業ですが、丁寧にこつこつ、まるで「大工さんが一から家を建てるように」手を抜かずに向き合うことが大切です。

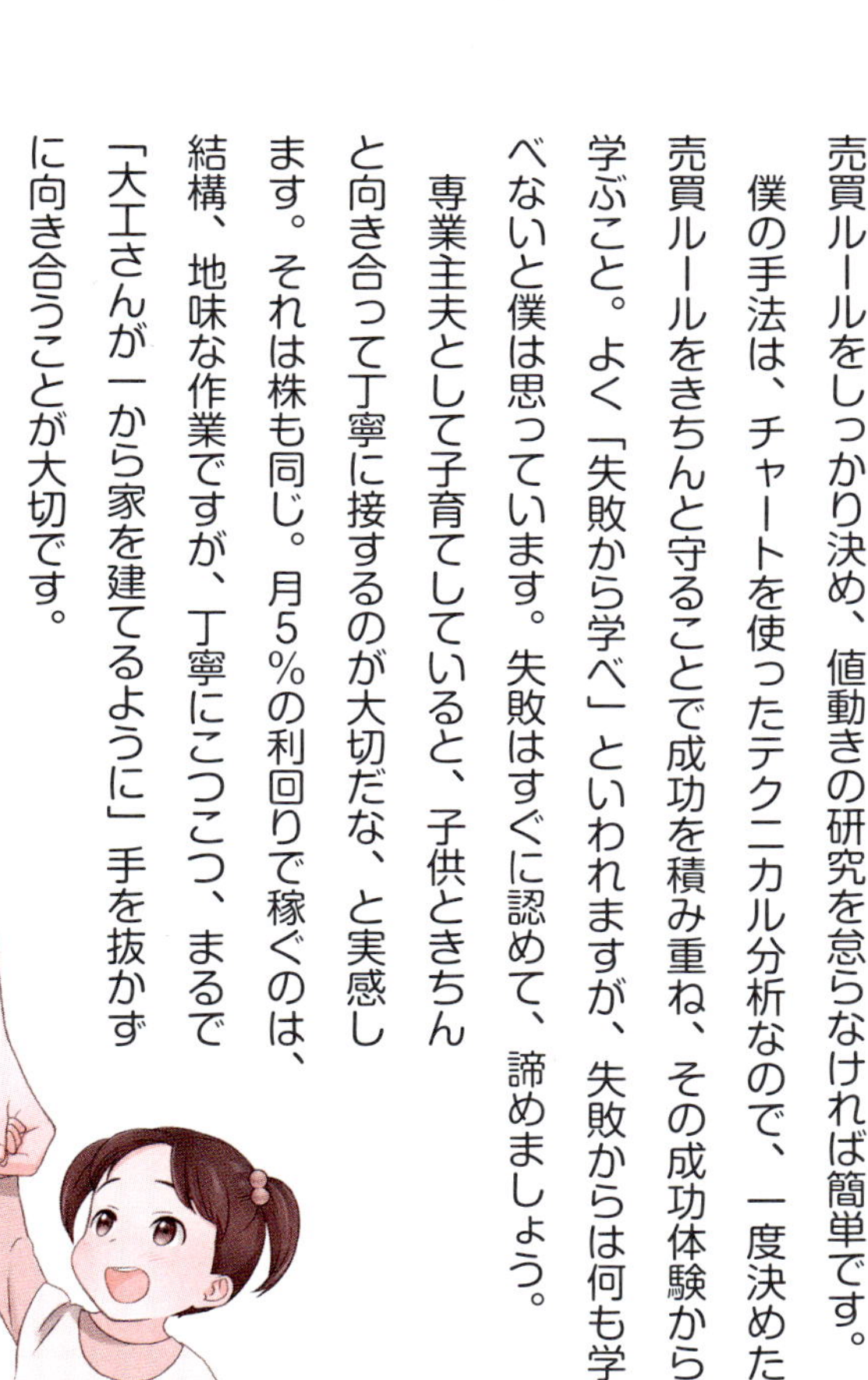

けいくん
（山下勁）

大学時代の彼女に自宅「軟禁」されたことで、株価チャートの勉強を始める。8%前後の高利益率が得られそうな場面のみを厳選し、効率よく稼ぐのがモットー。「副業アカデミー」で株式投資の講師を務めながら、専業主夫の「片手間」に株でも年収1億円を稼ぎ出す。

成功体験から学び、チャートとおしゃべりできるようになる！

失敗からは学ばない、成功から学ぶ

仕事や勉強やスポーツ、ときに人生では、「失敗から学びましょう」とよくいわれます。でも、株式投資において失敗からは何も学べません。

たとえば、今回のコロナショックで急落したオリエンタルランドの株を買って、含み損を抱えている、としましょう。「東京ディズニーランドの運営会社の株だから、絶対、損失を取り戻せる」なんて言い訳はいくらでもできますが、その失敗から何かを学べますか？

僕からすると、答えはＮＯです。「はい、失敗しました。すみません、間違えました」とすぐに認めて、損切りするのが唯一の解決策です。「失敗は学ぶものではなくて認めるもの、諦めるもの」ということがわかっていないと、株式投資の世界で資産を増やすのは難しいでしょう。

じゃあ、何に学ぶべきか？　決まっているじゃないですか。成功に学ぶのです。

株式投資では、「成功体験をきっちりルール化して、淡々とそのルールを守り続ける」ことが一番重要です。株式投資のやり方は学校では教えてくれないので、「学び」のプロセスを自分なりに意識していないと、いつまでたっても成長できません。

できれば、1年はデモトレードを繰り返して、何度も「エア（疑似）成功体験」を積んで、勝ちパターンをしっかり体に覚え込ませたほうがいいと思います。

デモトレードでつかんだ「成功の感触」を、実戦でも丁寧に、欲張らず、こつこつ積み上げていくことができるようになりましょう。そうすれば、月利5％で資産を増やし、約8年で元手100万円を1億円まで増やすのは、大学受験レベルの努力をするだけで達成できる、というのが僕の持論です。では、具体的に何をするか？　これはもう、チャートを見て、「ずっと下がっていたけど、ちょっと上がって25日移動平均線にタッチしたね。みんな、まだまだ上がると思っているけど、ここは下げだよ」、「3カ月ぶりに75日移動平均線まで下がってきたね。コロナの感染者も全然減らないし、ここからまだ下がるとみんなは思っているかもしれないけど、きっと上がるよ」などなど、チャートと「おしゃべり」できるようになることです。

「8％の法則」を使って株価の行方をキャッチする

たとえば、コロナのせいで日本株は2～3月に大暴落しましたが、その兆候は暴落の直前からチ

■図32 コロナショックで暴落する直前の日経平均株価

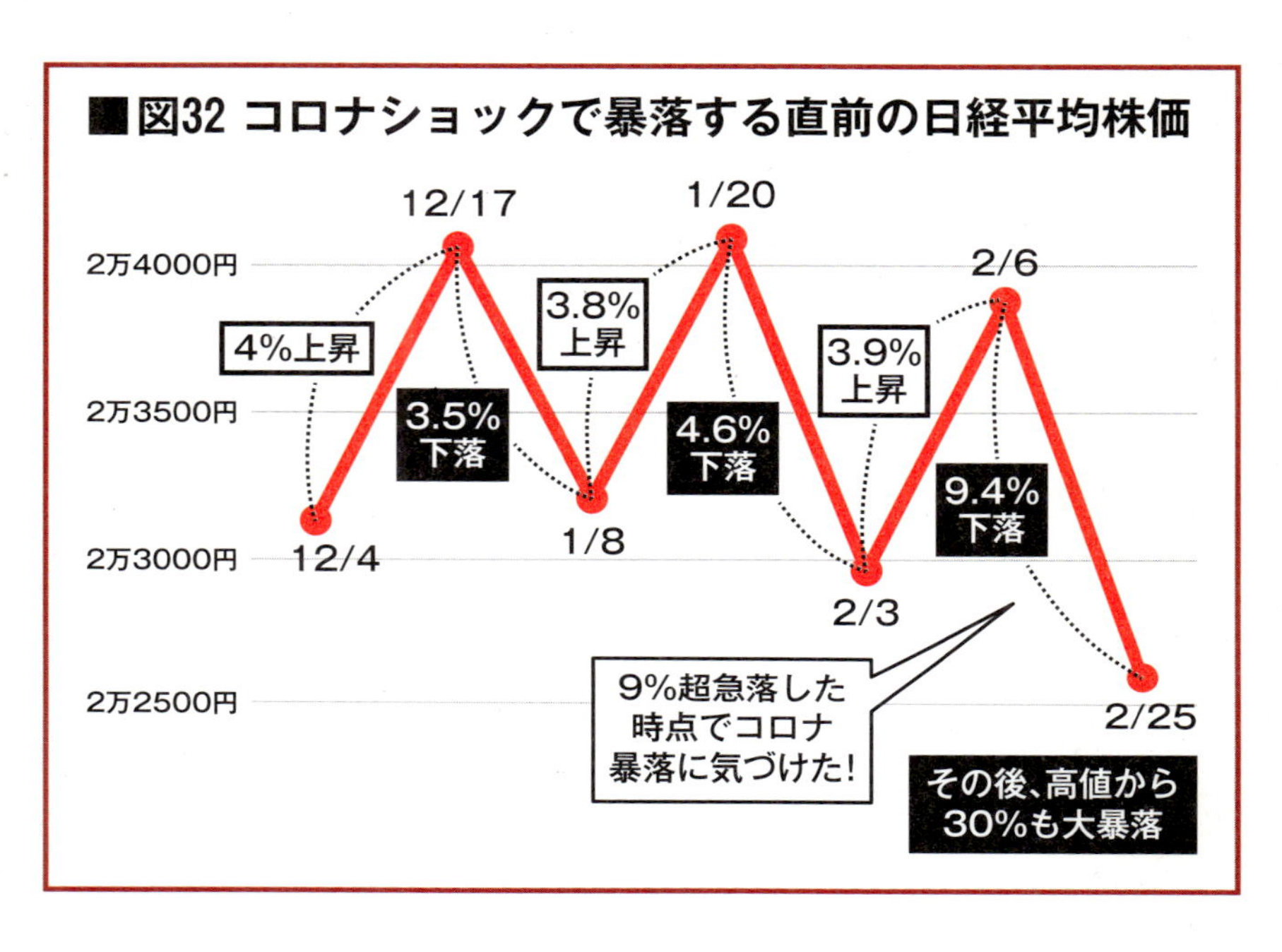

ャートで確認できました。株価には「8%上昇して4%下がる」、「8%下落して4%もしくは8%上昇する」という上下動のサイクルが頻出します。特に日経平均株価に顕著な動きです。僕はこれを「8%の法則」と名づけていて、その半分の「4%の値動き」も重要だと思っています。

コロナショックで株価が暴落する前の日経平均株価は、その法則にのっとって、ほぼぴったり4%の上下動を繰り返していました。上の図32はその当時の株価をグラフにしたものですが、2019年12月から、暴落前の2020年2月までの値動き(終値ベース)を見てみると、

12月4日　2万3135円

12月17日　2万4066円(△約4・0%)

1月8日　2万3204円(▲約3・5%)

1月20日　2万4083円(△約3・8%)

2月3日　2万2971円(▲約4・6%)

2月6日　2万3873円（△約3・9%）
2月25日　2万2605円（▲約9・4%）

と、12月初旬以降は高値圏で規則正しく、約4%の上下動を繰り返したあと、2月25日、急に9%以上も急落しました。もし、買いポジションを持っていたら「あっ、失敗した」と淡々と損切りするところでした。4%の値幅の上下動で終始していた値動きがレンジの下限を突破したのだから、売りで勝負してもおかしくない場面です。

図にはないですが、この日、日経平均株価は25日移動平均線も割り込んでいます。もし、この状況になっても、「いやいや、まだ上がる。これは失敗じゃない」と駄々をこねていたら、その後、3月19日の最安値1万6552円まで約30%の下落を味わうことになったわけです。2月25日に4%を大きく超えて下がったところで「ごめんなさい、自分の考えが間違っていた」と認められる人と、「いつか戻るからいいや」という甘い考えの人はまったく違う結果になってしまいました。

「8%上昇して4%下がる」という平時の日経平均株価によく現れる値動きが大きく崩れたということは、今は「平時」ではなく「非常事態だ！」というシグナルになります。2月25日の急落はそれを察するに余りある暴落シグナルといえました。

チャートが発する「おしゃべり」にじっくり耳を傾けられるようになる。

それができれば、コロナショックの暴落で大損しなくて済みましたし、元手を毎月5%ずつ複利で増やして、1億円稼ぐのもそれほど難しくないのです。

株価に影響を与える5つの目印

チャートと「おしゃべり」するための目印を覚えよう！

「株式投資で大切なのはチャートとおしゃべりできるようになること」といっても、チャート上のローソク足は決して「ここで下がるよ」「上がるよ」と、実際にメッセージを、あなたのスマホに送信してくれるわけではありません。

過去の値動きを示したチャートから、チャートが発する言葉やメッセージを感じとる能力が必要になります。

僕が大切にしている「目印」は、①前の高値・安値、②節目、③移動平均線、④新値更新、⑤周期の5つです。

何も僕だけが大切にしているわけではなく、多くの投資家が気にしていて、その目印を「買うべきか、買わざるべきか」の判断材料にしているからこそ、今後の値動きにも大きな影響を与える注目ポイントになりやすい。それが今、挙げた5つの目印です。

前の高値・安値や、1000円、1500円……といったキリのいい株価、過去のもみ合いゾーンといった株価の節目は、値動きの上昇を阻む抵抗帯や、下落を食い止める支持帯になりやすいので必ず注目するクセをつけてください。

「抵抗帯や支持帯って何？」という方もいらっしゃると思いますので、説明しておきますね。

「抵抗帯」というのは「レジスタンス」とも呼ばれ、株価の上昇が跳ね返されやすい価格帯のこと。たとえば、過去の高値というのは、「まだまだ株価が上昇するぞ」と思って株を買った人の予想が見事に外れて、それ以降、株価が下がってしまった価格帯になります。

「一番、高いところで買ってしまった」という経験は、投資家にとって、めちゃくちゃ悔しいし、屈辱的な体験です。チャートを見て取引している多くの投資家は、自分も「高値づかみ」の第二の犠牲者になるのではないか、と恐怖を感じます。そのため、再び、その高値近辺まで株価が上昇すると、「また、下がるぞ」と不安を感じる投資家や、逆に、その不安心理に便乗してやろうという投資家の売りで、実際に株価が下がりやすくなるんです。

これが、過去の高値がその後、株価の上昇を阻む「抵抗帯」になりやすい理由です。

それは、1000円、1500円といったキリのいい株価（節目）なんかも同じです。

たった2円しか違わなくても、999円なら安いと思って買ってしまうけど、1001円だと高いと思って、買うのやめた、と考えてしまうのが、消費者心理です。それは、投資家心理にもいえることです。

節目には、過去に株価が狭い範囲を一定期間、もみ合った価格帯なども含まれます。

株価の支持帯・抵抗帯を基準に売買判断を立てる方法

こうした高値・安値や節目は、株価に対して、次のような役割を果たします。

「前の高値や株価の上にある節目は株価の上昇を阻む抵抗帯になりやすい。しかし、その抵抗帯を株価が突破したら、上昇に弾みがつきやすい」

「前の安値や株価の下にある節目は株価の下落を食い止める支持帯になりやすい。しかし、支持帯を割り込んだら、下落が加速しやすい」

これを、売買ルールに落とし込むと、

「前の高値を突破できずに下落したら売り」「前の高値を突破したら買い」

「前の安値で反発して上昇したら買い」「前の安値を割り込んで下落したら売り」

という4つのマトリックスで示すことができます。

中でも初心者の方にオススメしたいのは、安い値段で買う分リスクが少ない「前の安値やキリのいい株価で反発上昇したら買い」です。

さらに、③の「移動平均線」も加えると、株価の転換ポイントをもっと高確率で探すことができます。

僕が使っているのは、5日線、25日線、75日線という短期、中期、長期の株価の平均値を示した3つの線です。

移動平均線は投資家の「損益分岐点」のようなもので、株価が移動平均線の上にあれば、その期間中に買った投資家は、平均するとみんな儲かっています。そこから株価が反転下落して、移動平均線近辺まで下がったら、投資家はどう反応するでしょうか?

もし買いの勢いが強くて、このあとも上昇が続くと思う投資家が多ければ、「おっ、株価が下がって、前よりも安くなったから、買いを入れてみよう!」と思うはずですよね。同じ上昇トレンドで株を買う場合でも、急上昇して、高くなったところで買うより、少し下がって安くなったところで買うほうが安心感もありますし、お買い得な感じもします。

そのため、上昇トレンドのとき、株価の下にある右肩上がりの移動平均線は、どの線もみんな、株価の下落を食い止める支持帯になりやすいわけです。

同様に、下降トレンドのときは必然的に株価の上に長短の移動平均線が覆いかぶさっている形になりますが、株価の上にある右肩下がりの移動平均線がすべて、株価の上昇を阻む抵抗帯になると考えましょう。

上昇している株がいったん下がったところで買う

たとえば、127ページの図33は、僕がコロナショック後によく売買しているサイバーエージェント(4751)のチャートです。ご覧のように、コロナによるステイホームでスマホゲーム事業が絶好調のサイバーエージェントは、コロナショックで一時的に急落したものの、その後は非常にきれいな上昇トレンドが続いています。

初心者の方に狙ってほしいのは、こうした上昇トレンドの株がいったん下落したものの、①前の高値・安値、②節目、③移動平均線という3つの支持帯のいずれかにサポートされ、再び上昇に転じるところです。①から③の目印がたくさん重なっていればいるほど、その価格帯（＝支持帯）で株価は反転上昇しやすくなります。

図33でいうなら、Aのポイントは①直近にもみ合ったときの高値を抜けている、②株価4500円で下げ止まっている、③5日線が支持帯になって下げ止まっている、という3つが重なっているので絶好の買いポイントになります。

具体的には、クローズアップした図の中に示した大陽線aで買うのがいいでしょう。

さらに見ていくと、図のBのポイントでも、5日線と25日線を支持帯にしながら株価がもみ合ったあと、そのもみ合い高値を超える大陽線bが出現しています。

この大陽線bは、心理的な節目である5500円を突破していて、しかも過去の高値cのラインを超えています。つまり、こちらも3つの目印が重なっているので、大陽線bは買いでエントリーすべき絶好のポイントになります。

初心者の人ってきっと、今ご覧いただいたチャートを見せられても、「上がっているのはわかるけど、どこで買っていいかわからない」と思うはずですよね。

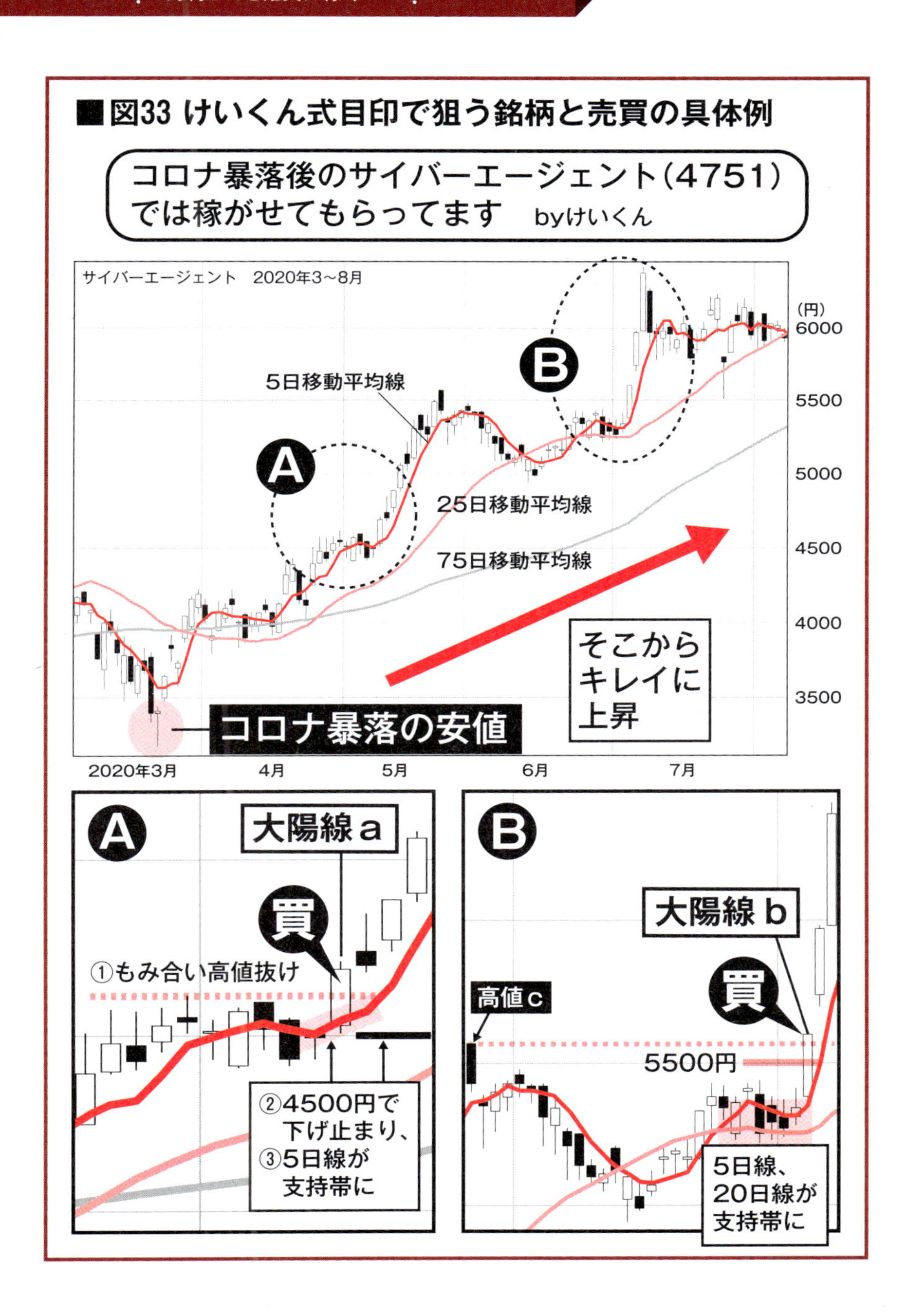
■図33 けいくん式目印で狙う銘柄と売買の具体例
コロナ暴落後のサイバーエージェント(4751)
では稼がせてもらってます byけいくん
サイバーエージェント 2020年3～8月
(円)
6000
5500
5000
4500
4000
3500
5日移動平均線
25日移動平均線
75日移動平均線
A
B
そこから
キレイに
上昇
コロナ暴落の安値
2020年3月
4月
5月
6月
7月
A
大陽線a
買
①もみ合い高値抜け
②4500円で
下げ止まり、
③5日線が
支持帯に
B
大陽線b
高値c
買
5500円
5日線、
20日線が
支持帯に

もし、そう思ったら、まずは過去のチャートを使ったデモトレードをたくさんしてみて、今、見てきたような複数の目印が重なって支持帯になっているところを探してください。そして、上昇が続いていた株がそこまで下がったあと、株価がどう動いたかを検証してみてください。

きっと、多くの場合、支持帯にぶつかって跳ね返されたあと、上昇に弾みがついて、さらに株価が上がった、つまり、買いで入る絶好のポイントだったという検証結果になるはずです。

そうやって、上昇トレンドにおける反転下落➡再上昇のパターンをたくさん疑似体験したら、実戦でも自然と、過去の高値・安値、株価の節目、移動平均線の並びや位置に気配りできるようになります。最初は「上昇が続いているけど、いったいどこで買ったらいいかわからない」と戸惑っていた人でも、「あっ、この場面で上昇に乗っかれば、勢いに乗れて、利益が出るんだ」ということがわかるようになるでしょう。

「新値更新5日の法則」でさくっと利益確定

さて、株は買うだけでなく売らない限り、いつまでたっても利益を確定することができません。つまり、株式投資では「売り時」も非常に大切です。

そのタイミングを教えてくれるのが、けいくん式・株の目印の4番目にあたる「新値更新5日の法則」です。

■図34 売り時を見つける新値更新5日の法則

買いの場合　起点となった最初の陽線も含めて高値を更新している陽線が５本出たあとに陰線が出たら利益確定

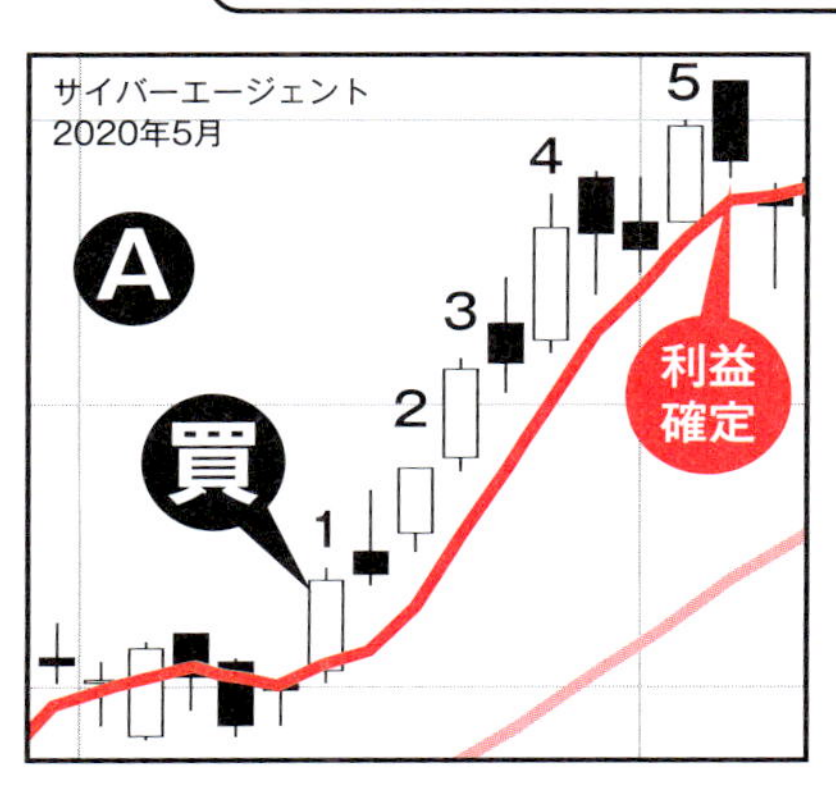

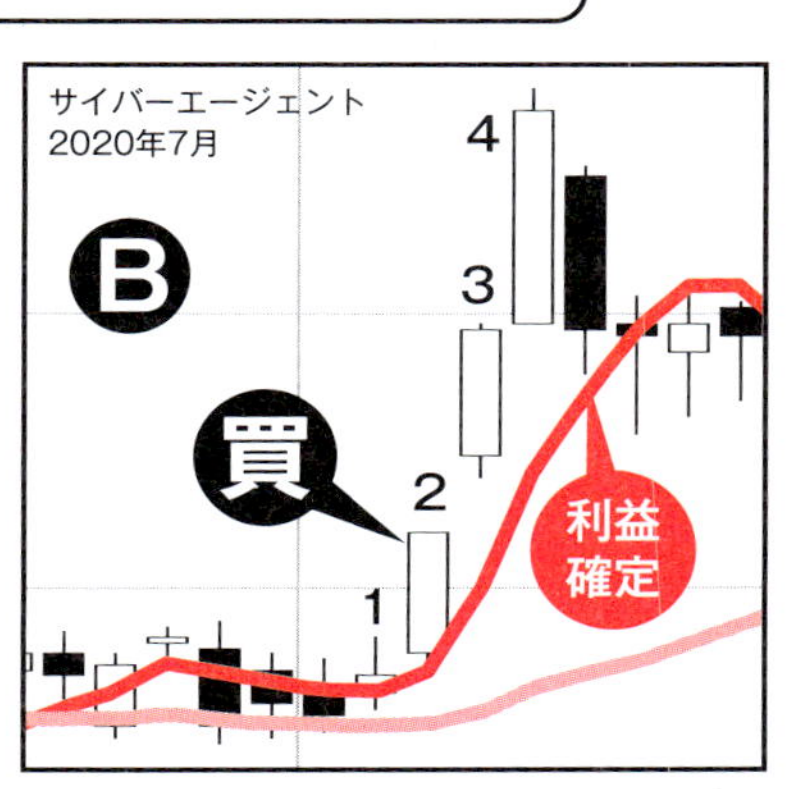

「株価の上昇が始まって、高値を更新するローソク足の陽線が5本続くと、いったん上昇が終わりやすい。下落が始まって陰線が5本続くとそのあと株価は下げ止まりやすい」というのが、その法則の内容になります。

確かに上昇の勢いが強いと、陽線が6本、7本、8本……と、5本以上、連続して続くこともありますが、それはレアケースです。

図34は先ほどのサイバーエージェントの買いのポイントを示したものですが、Aは上昇過程で陽線が5本出ていったん下落。Bは4本連続して陽線が出て、下落に転じています。

この「新値更新5日の法則」のローソク足の数え方は、「株価の上昇が続いているときは、その起点となった最初の陽線も含めて高値を更新している陽線が5本出たあとに陰線が出たら利益確定。上昇局面に出てくる5本の陽線は必ずしも連続して出現する必要はなく、その間に陰線がはさまってもＯＫ。ただし、その陰線がこれまでの陽線を終値で下回るようなら、そこで決済」というのが買いの場合のルールになります。

図34に番号を示しましたがＡのポイントでは陽線1で買って、陽線5のあとの陰線で利益確定することになります。Ｂの場合は、陽線2で買って、陽線4のあとの陰線で利益確定です。

株価は3カ月、6カ月周期で動きやすい

けいくん式・5番目の目印になるのが「周期」です。

たとえば、きれいな上昇トレンドが続いていても、3カ月ぐらい上昇すると不思議といったん下がったり、6カ月も続くと、「もう上がるのに飽きた」というわけではないでしょうが、トレンドが転換して、下落方向に向かうことが多くなります。

中でも、僕が一番、注目しているのは、「3カ月」という周期です。

トレンド相場のときは「6カ月上昇して3カ月下落する」、その反対に「6カ月下落して3カ月上昇」という周期がよく登場します。

さらに、3カ月が非常によく効くのはレンジ相場のときです。株価の上昇が止まって高値圏で持ち合い相場を形成しているような場合、その横ばい状態が3カ月以上続くと、株価は下もしくは上にレンジブレイクして、新たな展開が始まることが非常に多いんです。

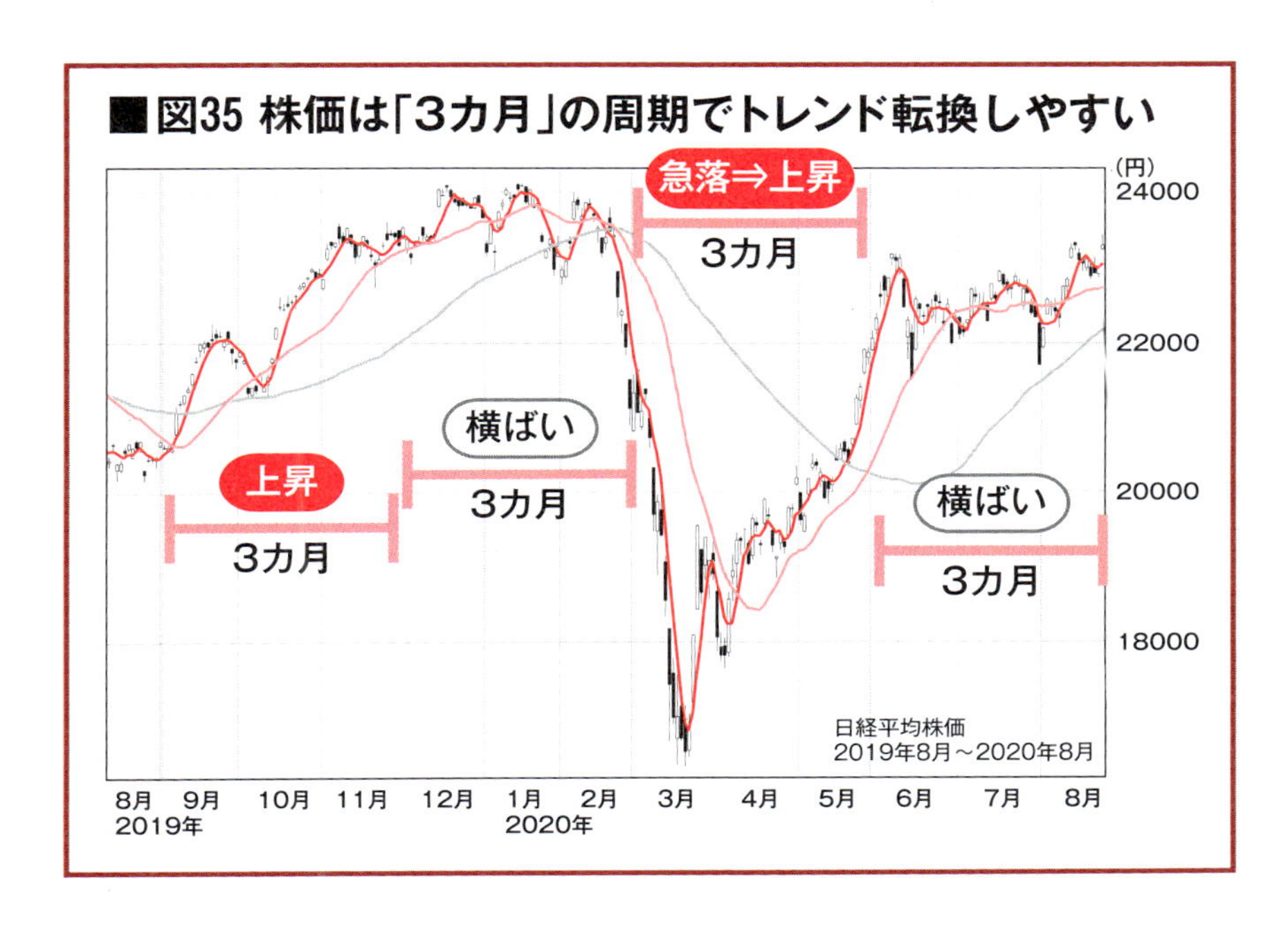

コロナショック前後の日経平均株価のチャート(図35)を見てください。

ちょうど2019年9月頃から上昇し始めて、12月中旬に高値をつけたあと、その高値をなかなか抜けないまま3カ月が過ぎた2月下旬から暴落が始まっています。その後の反転上昇も3カ月で、そこから再びレンジ相場に移行してからも今のところ3カ月、ということで、株価の値動き、特に日経平均株価は「3カ月」という周期で変化しやすいんです。

むろん、どんな目印にも「絶対」はありません。必ず、3カ月や6カ月で値動きに変化が出るという保証はないので、あしからず。あくまで、過去の高値・安値、キリのいい株価、過去にもみ合ったゾーンなど、縦軸の株価にあるほかの目印とセットになって、初めて威力を発揮するのが、周期という時間的な目印の特徴です。

初心者でも大成功できる「移動平均線折り返しの術」とは？

けいくん式の超基本ワザ「移動平均線折り返しの術」

前置きというか、基本の話が長くなりましたが、この5つを目印に使って、株価の動きを判断し、チャートとおしゃべりできるようになるのが、けいくん式・株式投資の基礎の基礎になります。

きっと初心者の方はぱっとチャートを見て、「過去の高値・安値はどこ？ 今の株価って節目なの？ 移動平均線の調子はどう？ 新値更新は今日で何日目？ 今、上昇が始まって何カ月目？」といちいち確かめるのに、かなりの時間を要すると思います。

「ぱっと3秒、チャートを見ただけで、5つの節目がすべて頭に入るぐらいになってください！」とまでは言いませんが、5つの目印の確認にはやはり慣れが必要。たくさんのチャートを見て、いっぱいデモトレードしないと、時間もかかりますし、間違ったりするので、気をつけてください。

5つの目印の確認を、呼吸やまばたきと同じぐらい、ごく自然にできるようになったら、初めて実戦トレードに挑戦すべきだと僕は思います。

では、「初心者でもすぐに見つけられて、売買の判断も簡単で、しかも勝ちやすい」なんて、都合のいい売買シグナルなんてあるんでしょうか？

いやいや、そんなに簡単なシグナルなんかないよ、なんて意地悪なことは言いません。

そんな「都合のいいシグナル」があるんです！　初心者でもすぐに使いこなせる売買法として、僕が自信を持ってご紹介する「中長期移動平均線折り返しの術」がそれです。

この「折り返しの術」の手順は、

「上昇トレンドが続いている中、株価が上向きの25日線や75日線といった中長期移動平均線まで下落して陰線でぶつかり、陽線で折り返したら、即座に買い」

というものになります。

上昇トレンドの株価と移動平均線の基本的な並びは、株価＞5日線＞25日線＞75日線になりますが、どんな上昇トレンドでも株価は上下動を繰り返します。その下落局面で、ローソク足が中期の25日線や、長期の75日線まで下がって、いったん陰線で割り込んだあと、翌日に陽線で折り返したところが「絶好の買いのポイント」になります。

利益確定もしくは損切りのルールも明確で、そのあと、陰線が出るか、３日間が経過したら、たとえ儲かっていようが原則、決済します。

どうですか、めちゃくちゃシンプルだと思いませんか？

これなら、初心者の自分でもできそうだ、と思いませんか？

あまりにも簡単な手法なので、僕はこの「中長期移動平均線折り返し」を「初手」と名づけているぐらいです。

注意点は、買いのときは、移動平均線が強い上昇トレンドを示す5日線＞25日線＞75日線の順ではっきり並んでいて、しかも中期の25日線、長期の75日線が適当な間隔を空けて、ほぼ平行して同じ角度で上がっていることです。

中長期線の傾きが横ばいに近かったり、互いに距離が近くてもつれあうような形になっているときは、上昇トレンドに勢いがないので、勝率が低くなってしまいます。

6～7割の勝率を5つの目印を使って上げる方法

では、この手法の勝率はどれぐらいかというと、およそ6～7割程度です。えっ、低すぎる？

確かに、もう少し、高確率のところで勝負したほうがいいですね。

じゃあ、どんな場面を狙えばいいかというと、この「移動平均線折り返し」シグナルが先ほど紹介した、過去の高値・安値、株価の節目など、ほかの目印と重なっている価格帯で発生したときになります。複数のシグナルが重なっているほど、勝率も格段にアップします。

たとえば、「25日線を陰線で抜けて、翌日、陽線で折り返す」ときの陰線が、ちょうど下落が始まってから新値更新5日目の陰線で、その翌日に大陽線で折り返していれば、「移動平均線折り返し＋新値更新5日」という2つのシグナルが重なっていることになるので、より上昇確率が高くなります。

折り返した地点が100円とか500円とかキリのいい株価だったり、ちょうどそのあたりに、過去の高値や安値ラインがあって支持帯・抵抗帯として機能しているなど、さまざまな目印が複合的に重なり合っていれば、勝率を8割、9割……と引き上げていけます。

さらに、上昇トレンド入りしたあと、初めて株価が下落して、25日線や75日線にタッチ＆ゴーしたときは確率が上がります。いわば、まだまだ上昇トレンドの初動段階でトレンドが若く、新鮮なときのほうがトレンド方向に回帰する株価の反発力も強くなる、というわけです。

精度をマックスまで高めたいなら、「上昇トレンドが始まったあと、初めて起こった中長期移動平均線折り返し＋5つのシグナルが複数重なった場面！」。

これこそが、最も勝率の高いポイントといえるでしょう。

具体例を出して説明しましょう。

次のページの図36は、僕がコロナショック前もコロナショック後も、買いで大きな利益を上げている半導体製造装置メーカーの東京エレクトロン（8035）の日足チャートになります。

図に示したのはコロナショック前の2019年後半のチャートですが、5G向けの携帯電話やクラウドのサーバー向け需要でここ最近は半導体産業が超・好景気。そのせいもあって、半導体の製

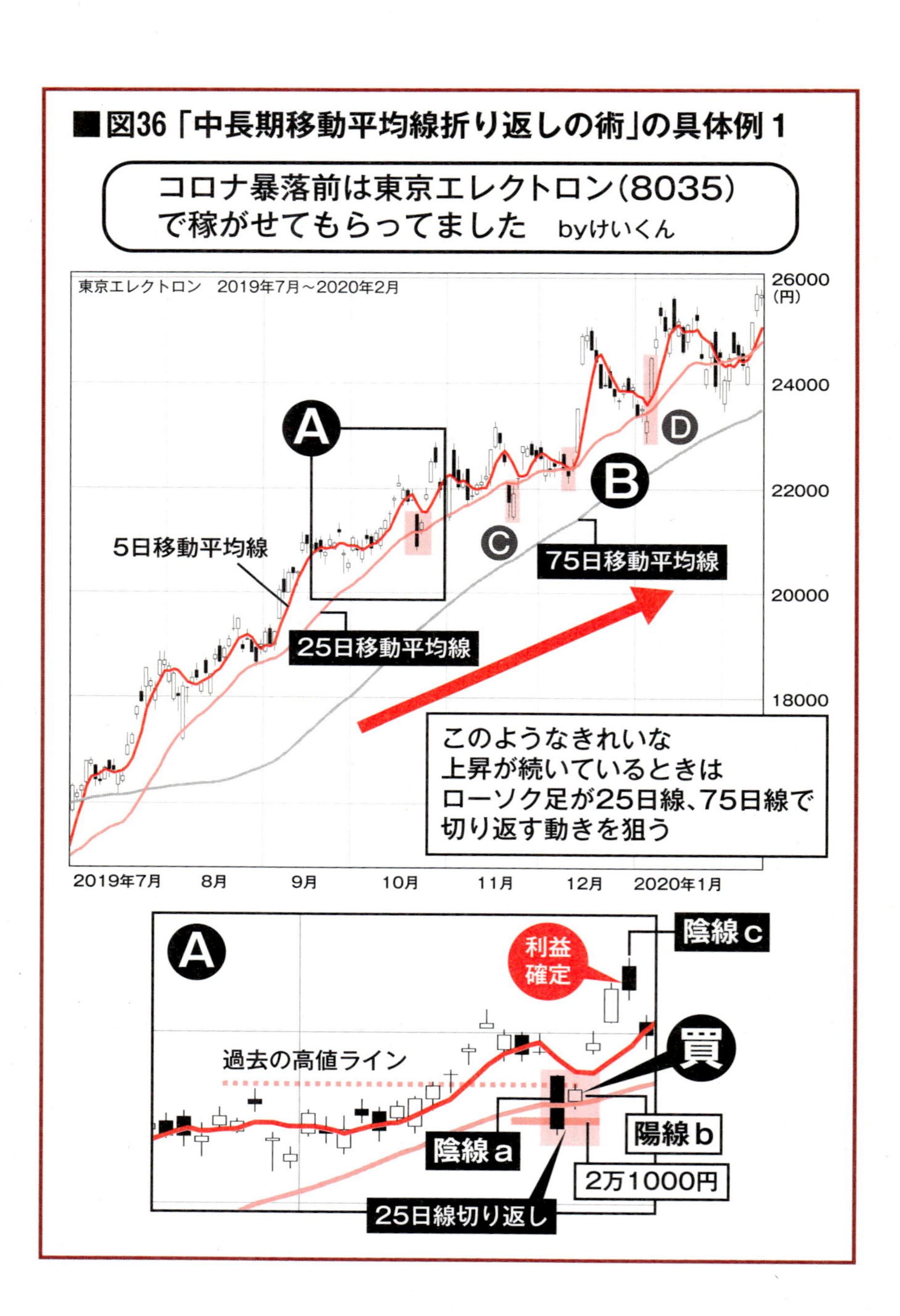
■図36「中長期移動平均線折り返しの術」の具体例1
コロナ暴落前は東京エレクトロン(8035)
で稼がせてもらってました byけいくん
東京エレクトロン 2019年7月～2020年2月
26000
(円)
24000
22000
20000
18000
A
B
C
D
5日移動平均線
25日移動平均線
75日移動平均線
このようなきれいな
上昇が続いているときは
ローソク足が25日線、75日線で
切り返す動きを狙う
2019年7月
8月
9月
10月
11月
12月
2020年1月
A
陰線c
利益
確定
買
過去の高値ライン
陰線a
陽線b
2万1000円
25日線切り返し

造装置を作る東京エレクトロンの株も約7カ月にわたって、ずっと上昇してきました。

その過程で、25日線に対して何度も「移動平均線折り返し」が発生しています。

一番きれいなのは、Aのポイントで、25日線に対して、ぴったり陰線aで割り込んで、その後、陽線bで切り返しています。

折り返した陽線bで買って、3日目がちょうど陰線cで終わったので売り。2019年10月24日の陽線bの終値2万1335円で買って、10月29日の陰線cの終値2万2500円で売れば、約5%の上昇を利益に変えることができました。

この局面では、陰線aや陽線bが、ちょうど過去の高値ラインと同じ価格帯に位置しています。さらに、10月23日の陰線aは終値が2万880円でいったん株価2万1000円を割り込んでいますが、翌日の陽線bで回復。2万1000円というキリのいい株価も支持帯の役割を果たしていて、「移動平均線折り返し＋過去の高値&2万1000円の支持帯」という3つの節目が重なって、強力に株価の下落を食い止めていることがわかります。

そのあとのBのポイントの折り返しもきれいですね。そのほか、必ずしも切り返しとはいえませんが、CやDのポイントの折り返しも勝負するかどうかはともかく、きれいに決まっています。

なお、移動平均線折り返しの正確な条件は「陰線の始値を翌日の陽線の終値が上回ること」です。東京エレクトロンのA、Bのポイントでは陽線が上回ってませんが、上回らなくてもうまくいくケースが多いので、今回は例として挙げています。

利益8%の取引×10回で資産倍増

上昇トレンド転換後、初めて起こった「初手」は最強

コロナショック以前の東京エレクトロンの株価は、2019年7月に横ばい相場からの上昇が始まって、約7カ月後の2020年1月から再び横ばいになり、3月にコロナショックで急落しています。周期的な節目でもある6カ月を過ぎたあたりからは高値を更新することができず、横ばい気味で推移していました。つまり、周期的に見て、「この上昇トレンドの賞味期限もそろそろ終わりかな」というときは、いかに「移動平均線折り返し」が起こっても、反発上昇の力が弱いかもしれないので見送ったほうがいいでしょう。

コロナ以後も僕は、東京エレクトロンでたくさん稼がせてもらっています。

そこで、2020年3月のコロナショック前後からの、東京エレクトロンの値動きを図37に紹介します。先ほど、上昇トレンドの初動段階で出た「中長期移動平均線折り返し」は最強、といいましたが、まさにそのポイントにあたるのが、図37のAの地点です。

大陰線aが25日線を割り込んで、75日線付近まで下落したあと、見事、次の陽線bが切り返して

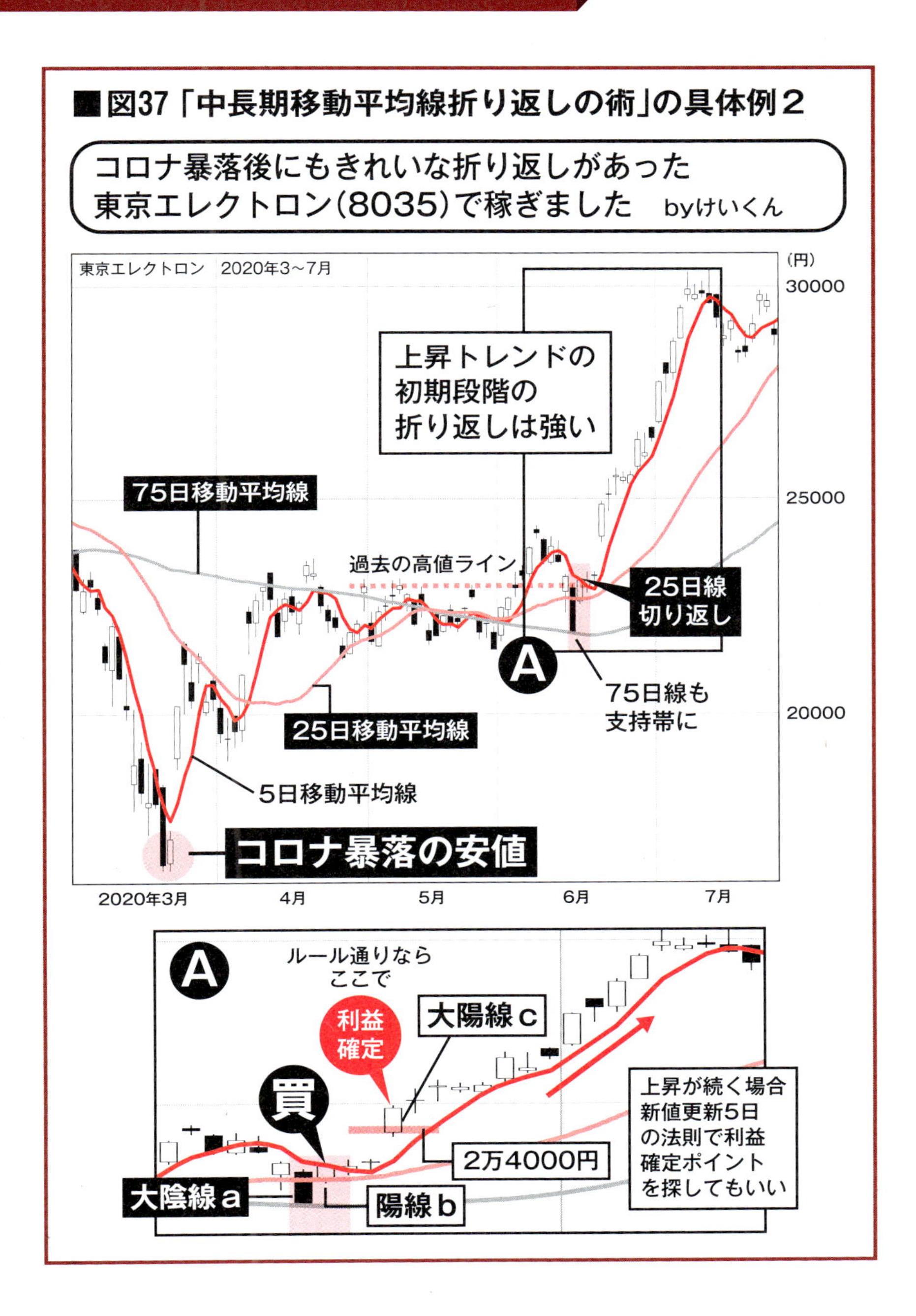
■図37「中長期移動平均線折り返しの術」の具体例2
コロナ暴落後にもきれいな折り返しがあった
東京エレクトロン(8035)で稼ぎました byけいくん
東京エレクトロン 2020年3～7月
(円)
30000
25000
20000
上昇トレンドの
初期段階の
折り返しは強い
75日移動平均線
過去の高値ライン
25日線
切り返し
A
75日線も
支持帯に
25日移動平均線
5日移動平均線
コロナ暴落の安値
2020年3月
4月
5月
6月
7月
A
ルール通りなら
ここで
利益
確定
大陽線c
買
2万4000円
上昇が続く場合
新値更新5日
の法則で利益
確定ポイント
を探してもいい
大陰線a
陽線b

25日線上に浮上したところが買いのエントリーポイントになります。

よく見ると、陽線bは、まだ75日線付近でもみ合いが続いていたところにできた過去の高値ラインを見事に突破しています。

しかも、コロナショック後に上昇トレンドが回復して、初めての「折り返し」ですから、ここは買って正解です。

ルール通りに3日目の陽線で利益確定しても、6月16日の陽線bの終値2万3070円から6月19日の直近高値をブレイクした大陽線cの終値2万4860円まで、7・7%の上昇を利益にできました。

大陽線cは直近の高値ラインやキリのいい株価2万4000円を飛び越えて、さらに勢いよく上昇しているので、ここで利益を確定しないのも一つの考え方です。

5日線を下回るまでほったらかしにしていたら、なんと3万円の大台まで利益を伸ばすことができました。

過去のチャートを見て「ここで買ってここで売れば、ほら、こんなに儲かったでしょ」と、未来から来た詐欺師みたいなことは言いたくないですが、実際にこの上昇で僕は大きな利益を手に入れたので、どうか、お許しください。

一つの取引で8%の利益を出せれば10回成功で資産倍増

これで僕の「秘技」の紹介はおしまいにしたいと思います。

「えっ、これだけ？」と不満に思う方もいるかもしれません。でも、まだ初心者の方はあれこれ手を出しすぎると必ず失敗するので、慌てず、焦らず、一つのシグナルだけをじっくり待つスタイルを、最初から学んだほうがいいです。

はっきりいって、この売買ルールだけを覚えて、丁寧に丹念に繰り返せば、それだけで月利５％程度なら簡単に稼ぐことができます。

もし、今、ご覧に入れたコロナショック後の東京エレクトロンの「上昇トレンド入り直後のファースト折り返し」のように約８％の上昇を９回利益に変えることができたら、資産を２・２倍に増やすことができます（図38）。

初心者の方々に覚えていただきたいのは、

「トレード回数はなるべく増やすのではなく、減らすもの。それが株式投資で成功するための一番の秘訣です」

ということです。

今、ネットで検索してみましたが、ライオンやトラなどの肉食動物って、１日のうち、16時間ぐらいはグースカ眠っているとか。それと同じで、株式投資では、取引の回数をできるだけ少なくし

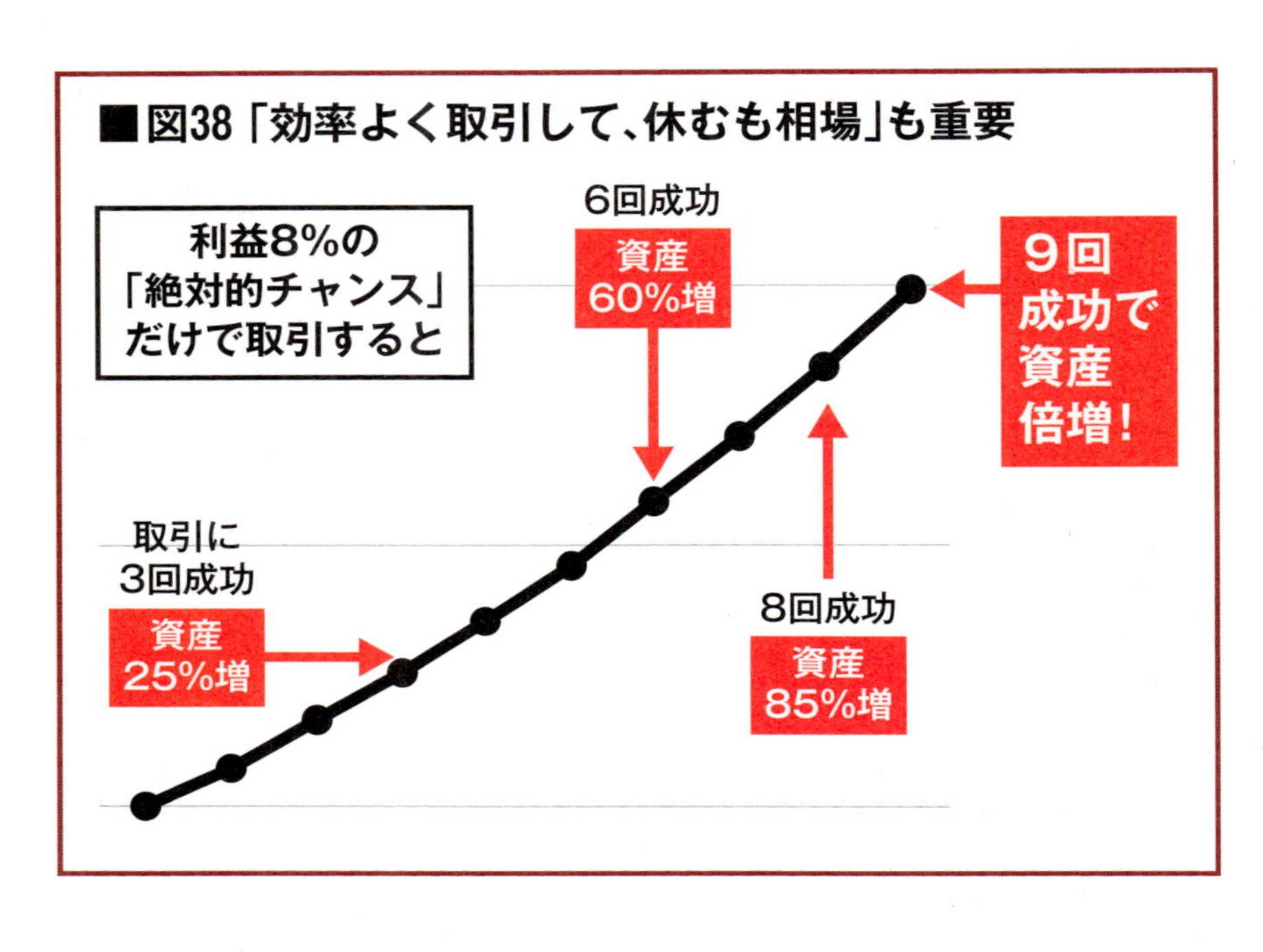

て、「ここなら、勝てる！」と自分なりに絶対的な確信が持てる場面だけでトレードすることを心掛けてください。

人生は長いですし、家事や洗濯、育児にお掃除など、専業主夫の僕にはほかにやることがたくさんあります。

投資格言に「休むも相場」というものがあるように、初心者のうちから、ぜひ「取引する練習」だけでなく、「休む練習」をしていただきたいと思います。なぜなら、初心者が一番陥りやすい大失敗は、ビギナーズラックでちょっと儲かったからといって、トレード中毒になってしまい、結局、大きく負けてしまうことだからです。

とにかく、ライオンが1日16時間も寝ているように、「何もしない時間をなるべく長く持つこと」が勝てるようになるコツです。これだけは言っておきたいですね。

自分の身は自分で守る。株式投資はその強力な武器に

コロナショックでテレワークできるようになって、多くの方がおうちトレードに目覚めて株を始めていると聞きます。

僕からすると、コロナショックの前も後も、値動き自体にはちっとも変化を感じません。

確かに、安倍首相の退陣によって、２０１３年から続いたアベノミクス相場はそろそろ終焉のときを迎え、株価が下降トレンド入りする可能性はあります。しかし、その下降トレンドは過去の下降トレンドと何も変わらないでしょう。

それでも、コロナのせいで「休むも相場」どころか、クビ切りされた人もいるでしょうし、不景気で給料も上がらなさそうだし、やっぱり、誰もが自分の身は自分で守るという意識は高くなったと思います。

株式投資は、幸せで豊かな人生を楽しむための「武器」にもなります。

マイハウスを持つための努力をしない人は一生、家を建てられない。

でも、家を建てる勉強、研究、練習を一所懸命やってきた人は、いつだって家を建てることができます。

家を建てるのも、株で利益を出すのもいっしょです。もし、どんな状況でも株で利益を出すことができれば、もうコロナも何も怖くない、と思います。

COLUMN

おうちトレードに必須のアイテム

おうちでトレードする際のマストアイテムをご紹介

「複数モニタ」ばかりではない 実は意外に地味なトレード環境

おうちで株のトレードをしている個人投資家というと、どのようなイメージを想像されるでしょうか。よくありがちなのが、PCのモニターが複数並んで、株価のチャートや取引画面が複数表示され、画面上の株の値動きを示す表示が次々光っているような感じかと思います。

しかし、そのような環境でトレードをしている投資家ばかりではありません。実際、スマホのみでトレードしているという個人投資家も多くいます。そこで、おうちトレードに必要と思われるアイテムをいくつか紹介していきたいと思います。

『会社四季報』の愛読者は必見！ 100円ショップの透明付箋

まずは、いい椅子。日中ずっとPCのモニターに向き合うことになるため、長時間座っても疲れない椅子は非常に重要です。

写真は、第3章で登場したwww9945さんが実際のトレードに使用している椅子になります。オフィス家具を扱うオカムラの「サブリナ」という高機能オフィスチェアで、価格はなんと10万円以上。本人曰く、トレード効率は格段に上がったので安い買い物だったとのことです。

次に目薬。さまざまな目薬の中でも、長時間モニターを見る方には、やはりサンテFX「NEO」といった清涼感の強いタイプのものが好まれるようです。しかし女性投資家さんからは、ロート「養潤水」といった穏やかな清涼感のタイプがよいという声もありました。

ニッチなところでは熱冷却シート。トレードでヒートアップした頭を冷やすために額に貼って使用することがあるといいます。ただ、貼っていることを忘れ、そのまま外出して恥ずかしい思いをしたというトホホなエピソードも。

最後に、付箋。『会社四季報』などで気になる銘柄があったら付箋を貼っておくと便利です。しかし、実際に貼ってみると、通常の付箋では読みたい情報が隠れてしまい、いちいちまたはがして読む必要があります。そんなとき便利なのが貼る部分が透明な付箋です。100円ショップなどでも売っています。これは『四季報』愛読者にとっては必須の、便利アイテムです。

www9945さんが実際に使用する椅子。
これで肩こりや腰痛から解放されたという

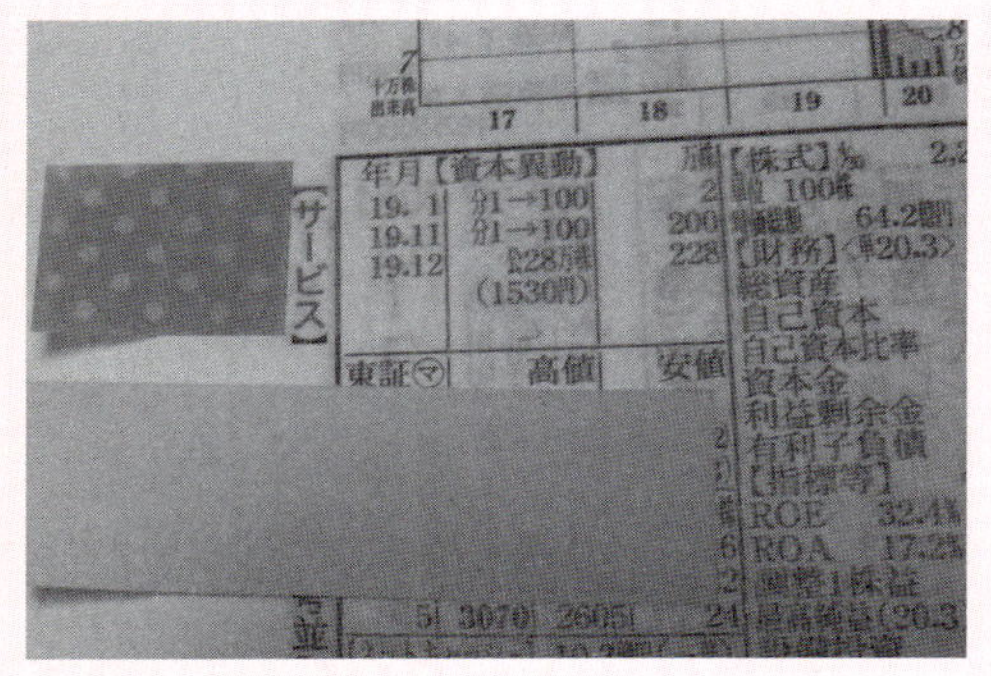

上が透明付箋、下が通常の付箋。
透明付箋は下の文字がちゃんと読める

COLUMN

専業投資家は株式投資が生業
しっかり事業継続を考えている

億り人レベル以上の資産を運用する専業投資家の方々に聞くと、意外なものが大切という回答がありました。

一つがネット回線です。株式投資を本業とする専業投資家にとって、ネットがつながらない状況が発生すると商売が成り立ちません。大きなポジションを持って勝負して、いざ利確をしようというときにネットがつながらなかったら、その損失は計り知れない金額になります。したがって、万が一の際に使用できる予備の回線を用意しているようです。たとえば、自宅のＷｉ－Ｆｉとスマホのテザリングといった組み合わせで、事前に接続確認などの準備まで行っておきます。

２つ目がＰＣ等の端末です。こちらも、リアルにＰＣを2台用意する人と、バックアップとして最悪スマホで代用と考えている人がいるようです。

３つ目が証券口座です。ときどきニュースでも流れることがありますが、システム障害などで一時的に取引ができない状況が発生することがあります。そのときに重要なトレードを行っていたとしても、証券会社が損失を補填してくれるようなことはまずありません。

それに備えて、複数の証券口座を持っておき、最悪の事態が発生した場合には、もう一つの口座で損失を減らす反対売買をするといったヘッジ取引を行えるようにしておくのです。

このように専業投資家は、さまざまな事態を事前にシミュレーションし、事業継続まで考えて相場と向き合っているのです。

第5章

5限目

買い集めた銘柄が次々10バガーで億り人 究極のほったらかし投資

講師◉愛鷹先生

5限目のポイント

10倍株投資の極意は
資金追加と超分散投資にあり

株価が買い値から10倍になることを10（テン）バガーといいます。

「10バガーを当てて億り人」と聞くと、皆さんが最初にイメージするのは、100万円を1銘柄に全力投資して1000万円にし、さらにその1000万円を1銘柄に全力投資して、また10倍にした結果、億り人達成というものではないでしょうか。

しかし、そんな奇跡に近いことを誰もが実現できるものではありません。サクセスストーリーとしての読み物ならおもしろいかもしれませんが、今回、私はそんな小説のような話をしようとしているのでは

元金 25万円～（順次入金を想定）

手法 超分散のほったらかし投資。どんなに値下がり・値上がりしても売却せず、同じ銘柄の買い増しも原則下げすぎのナンピンのみ。新規の10バガー候補を見つけては、入金と配当金でひたすら新規購入。気づいたら億り人だった、という投資法。

ありません。私自身、10バガーを達成する銘柄を確実に当てることは不可能だと思っています。

ほぼ100%運です。しかし、その運をつかむ可能性をどうしたら最大化できるか、それをひたすら追求したすえにたどり着いたのが、私の手法です。

また、私は兼業投資家です。忙しい日常生活の中では、日中にトレードすることはほぼ不可能。値動きを見ようものならば、仕事に手がつかなくなる状況もあり得ます。おうちトレードをしなくても会社員をやりながら億り人となった私が、どのようなことを考え日々投資と向き合っているか、話してみたいと思います。

愛鷹
（あしたか）

2008年から投資を始め、これまで保有銘柄のうち驚異の47銘柄で10バガーを達成。資産は2億円を超え、年間配当金は400万円ほど。将来的には不労所得額1000万円を目指す。
Twitter:@minobouz

最大で400倍の銘柄も！
10バガー達成への考え方

兼業投資家が仕方なくたどり着いた手法

購入した株が気づけば買ったときの10倍になっていた、それだけでも夢のある話ですが、それを47銘柄も保有していると聞くと、とんでもなく優秀な個人投資家という印象を持つかもしれません。しかし、兼業投資家の私としては、仕方なくこの手法にたどり着いたという印象です。日々トレードしてパフォーマンスを残している個人投資家はすごいと思いますし、もし私にトレーダーの才能があったならば、今以上に資産を増やすことも可能だったかもしれません。いろいろ試しましたが、結局、私にはこのやり方しかできなかったのです。そのことを最初にお伝えしたいと思います。

左の図39は、私が過去に株価10倍以上を達成したもののうち上位20銘柄の一覧表です。1位のカーブスＨＤ（７０８５）は少し特殊なケースで最後に簡単に解説しますが、買い値から50倍以上になった銘柄は全部で４銘柄になります。

■図39 愛鷹さんが10バガー以上を達成した上位20銘柄

順番	銘柄コード	社名	参戦株価(円)	最高値(円)	最大倍率	参戦年	最高時点
1	7085	カーブスHD	2	809	404.5	2008	2020.03.04
2	2157	コシダカHD	23	1950	84.8	2008	2018.04.11
3	2379	ディップ	51	3700	72.5	2008	2020.02.10
4	2492	インフォマート	20	1044	52.2	2009	2020.01.14
5	2497	ユナイテッド	201	9320	46.4	2012	2013.07.17
6	2124	JAC Recruitment	76	3265	43.0	2011	2019.05.15
7	3854	アイル	57	2349	41.2	2012	2020.01.17
8	2222	寿スピリッツ	231	8910	38.6	2010	2020.01.14
9	7679	薬王堂HD	118	4315	36.6	2011	2018.04.09
10	3387	クリエイト・レストランツ・HD	34	1206	35.5	2012	2020.01.16
11	2491	バリューコマース	115	3865	33.6	2012	2020.08.27
12	2930	北の達人コーポレーション	35	1105	31.6	2016	2018.04.09
13	2471	エスプール	33	954	28.9	2016	2020.01.15
14	2326	デジタルアーツ	396	11240	28.4	2012	2019.07.29
15	2127	日本M&Aセンター	199	5530	27.8	2012	2020.08.11
16	2429	ワールドHD	182	4950	27.2	2012	2018.04.06
17	6035	アイ・アールジャパンHD	567	15430	27.2	2016	2020.09.03
18	6383	ダイフク	395	10520	26.6	2011	2020.07.10
19	2146	UTグループ	205	4365	21.3	2012	2018.06.22
20	4369	トリケミカル研究所	603	12550	20.8	2014	2020.02.26

10バガー銘柄を当てるシンプルな3つの戦略

まず、私は財務分析が得意ではありません。企業が出す有価証券報告書を詳細分析しても、ほかの優秀な個人投資家の足元にも及ばないでしょう。実際、株価が2倍や3倍となる銘柄は、このような分析が得意だったり、ある程度の実力があって値動きを読める人なら、かなりの確率で狙うことができるのだろうと思います。

しかし、株価5倍や私が狙う10バガー以上は、運の要素が非常に強いと感じています。したがって、どの銘柄が10バガーになるか予想することは極めて困難だと考えています。ましてや株価100バガー以上になると、もはや運の要素しかないといっても過言ではありません。

では、その宝くじをつかむような運をどのように引き寄せるか、その可能性をひたすら高めることが私の投資手法の原点となっています。

10バガー銘柄を引き当てるコツ、その可能性を最大限高められたのは、この3つの戦略を貫いてきたからだと思っています（図40）。

①10バガーの可能性のある銘柄をできるだけたくさん買い集める

②10バガーになりそうもない銘柄は買わない

③買ったら売らない

「え、たったそれだけ!?」と思うかもしれません。しかし、周りの投資家さんに聞いても、実際に

■図40 10バガー投資のシンプルな3つの戦略

1	**10バガーの可能性のある銘柄をできるだけたくさん買い集める** たくさん保有することで10バガー銘柄に当たる確率を高める
2	**10バガーになりそうもない銘柄は買わない** あくまでも狙いを10バガー銘柄に絞る
3	**買ったら売らない** 10バガーになるまでじっと待ち、利確しない

これを忠実に実践している人が誰もいないんです。私にとっては、逆にそのことのほうが驚きだったりするのですが。

投資の世界で資産規模を大きくするには、皆と異なることをするか、仮に同じことでもそれを皆がやらないレベルで追求するなどして、優位性を生み出すことが投資手法の基本的な考え方だと思います。しかし、単純すぎて誰もやろうとしないことも手法として優位性があるのかもしれません。

最後まで読んでいただければわかるかと思うのですが、手法としては非常にシンプルかつ、なかなか理にかなったやり方ではないかと思います。

というわけで次からは、真似しようと思えば簡単に真似できそうな、でも誰もやろうとする人が現れないこの3つの戦略の詳細やその裏にある考え方、私が実践している手法について具体的な事例を交えて述べたいと思います。

10バガーコレクターの3つの戦略の具体的取り組み

保有銘柄を増やすことで10バガーが当たる確率を高める

億り人を目指すには、取引回数をたくさん増やして小さな利益を膨大に積み重ねるか、投資先を数銘柄に絞って集中投資をしたほうが、資産が増える可能性があると考えるのが一般的かと思います。前者は一番手堅い手法かと思いますが、兼業投資家の私にとっては相場に向き合い続ける時間確保が難しく、実践にはハードルが高いです。後者は現実味がありそうですが、その場合、万が一その数銘柄で不祥事や予期せぬ減益などが発生すれば、資産を増やすどころかたちまち元本割れする危険性もはらんでいます。それでは、仕事に手がつかず本業に支障が出てしまいます。

そうではなく、はじめから徹底的に分散するのが私の手法です。どれかの銘柄にほれ込んだり、期待しすぎたりせず、「徹底的に平等に分散する」というのがポイントとなります。分散するからには、業績が伸び、持っていてわくわくする銘柄を買いたい。それが私の投資スタイルの原点です。

■図41　10バガー投資における株の買い集め方

初期投資金額
（200万円とした場合）

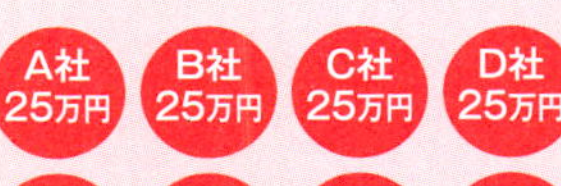

入金で追加投資する場合、以前購入した銘柄とは別の企業を新規に同規模額で買い集める

入金 100万円

初期投資金額
（200万円とした場合）

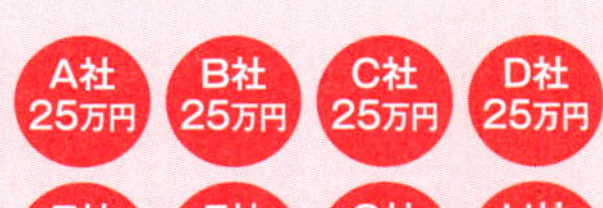

追加投資金額
（100万円）

I社 25万円　J社 25万円　K社 25万円　L社 25万円

　先に述べた基本戦略の一つ目を説明しましょう(図41)。たとえば、１銘柄25万円前後で投資すると決めます。資金が２００万円あったら10バガー候補を約25万円ずつ８銘柄購入することになります。ここで普通の人と異なるのは、入金や配当で追加資金ができたら保有株で一番期待できるものを買い増すのではなく、新たに新規の銘柄を買うことです。もし資金１００万円ができたら４銘柄を約25万円ずつ新規に購入します。こうすることで、個別銘柄が抱えるリスクを最小化し、かつ銘柄数を増やして10バガー銘柄を引き当てる可能性を常に最大限に高めるのです。

　なお例外として、単元株の金額が基準とする単位額（今回の例では25万円）を超える場合は、その株の単元株を購入する場合もあります。ミニ株投資を活用するのもありかもしれません。

　このように、銘柄数を増やして10バガー候補を徐々に増やして可能性を高める戦略となるため、25万円ほどあればこの手法をスタートすることは可能です。しかし、投資効果を高めるにはどうしても銘柄数を増やすことが必要になるため、資金の追加があることが前提となります。兼業投資家なら本業収入でもいいですし、年金暮らしの人なら節約生活でもなんでもいいので、新しく25万円貯めたら入金して次の銘柄を購入します。毎月がんばって10万円入金できれば、数カ月に一度新規の銘柄を購入することができます。どうしても今月買うのがチャンスと思えれば、信用取引で買って、翌月の入金で現引きすることもあります。

また、いきなり25万円分買うのではなく、先に5万円分買うなどの打診買いもしますし、優待銘柄の場合は優待のもらえる最低単元株数以上は買わないなど、例外的に調整することもあります。その辺は、多少柔軟に取引しています。

あとは、株価が大幅に下落した際、その銘柄の評価額を25万円に戻すために押し目買いをすることもあります。ただこれは、取引事例としては多くありません。

銘柄数が増え、さらに分割などで株数も増えると、配当金でも追加の銘柄が購入可能になります。たとえば、25万円で配当利回り3%の株を33銘柄に分散していたとすると、税込みで約25万円の配当金を手にすることができます。これでもう1銘柄を新規購入するのです。

コレクション的に銘柄数が増えていく過程は、自分の趣味嗜好と合っているようで、新しい銘柄を増やすために生活費の節約にもつい熱が入ってしまいます。増配などあれば泣いて喜びます。

ときどき、私のことを「10バガーハンター」と呼ぶ人がいますが、狙い撃ちというよりも、こうしてただ候補銘柄をたくさん買い集めてひたすら待っているのが実態のため、「10バガーコレクター」が当てはまっているのかもしれません。

10倍を狙える成長株がターゲット！ 期待薄な株は不要

次に基本戦略2つ目、「10バガーになりそうもない銘柄は買わない」についてです。

戦略①で述べた通り、私の手法は超分散投資となるため、大きくリターンが出る銘柄をどれだけ多く保有するかがパフォーマンスを左右します。したがって、確実に2倍にはなりそうだけど10倍は無理という銘柄は優先順位が下がります。たとえば2銘柄買って、どちらもしっかり2倍になれば、資産パフォーマンスは2倍になります。でも片方が10バガーに到達すれば、もう一方は株価が10分の1になっても、最悪倒産して紙くずになったとしても、資産は5倍近くになります。10バガーの期待できる銘柄を保有し続けることは、資産形成において圧倒的に優位と思いませんか？

とある調査によると2008年のリーマンショック以降で、株価の底値から高値を計算すると5銘柄に一つは10バガーを達成しているそうです。株価が大底で仕込むことは至難の業ですが、基本に忠実に愚直に続けさえするならば、実は皆が思うほど難しくはない手法なのかなと思います。

ここで10バガーの逆、株価が10分の1になる逆10バガーを考えてみます。誰の目にも明らかに割高と思えるバカ高い値段がついている場合、天井圏から株価が10分の1になることもあるでしょう。

しかし、上場している企業は少なからず従業員を雇って、事業を継続することを目的に活動しているわけで、成長か衰退かを考えたとき、ひたすら株価が下がって逆10バガーになることが果たしてどのくらいあり得ることでしょうか。私は、シンプルに均等分散して購入する手法にも期待値を高める優位性があると考えています。ちなみに、10倍になり得ない株の見分け方、具体的にどのような銘柄を避けるかは、後ほど詳しく説明します。

利確をせず、ただひたすらに成長を信じて耐え忍ぶ

3つ目の「買ったら売らない」という戦略です。

たぶん、ほとんどの投資家さんはこれができないのではないでしょうか。この売らない戦略を説明するには2つのケースに分ける必要があると思います。

まず、買った株が値上がりした場合です。私が目指すのは、あくまでも10バガー以上です。ゆえに、途中で売却するということは考えません。そして仮に10バガーを達成したとしても、そこで売却することもありません。本当に、利確はせず放置するのです。この背景には、私の投資の目標が関係しています。私の最終ゴールは、不労所得として年1000万円を得ることです。資産がいくらとか、億り人がゴールではありません。つまり、どういうことかというと、株価や含み益がいくらかということに関心があるのではなく、それらによって得られる配当金に重きを置いているとい

■図42 愛鷹さんの代表的な10バガー銘柄の年間配当額

銘柄名	投資金額	過去最高評価総額	分割数	年間配当金額	投資金額ベースの実質利回り
コシダカHD(2157)	23万円	1870万円	32分割	12万円	約50%
FPG(7148)	12万円	310万円	9分割	5万円	約46%
インフォマート(2492)	24万円	1600万円	64分割	6万円	約25%
寿スピリッツ(2222)	60万円	1600万円	6分割	12万円	約20%

※過去最高評価総額と年間配当金額の数字はおおよその金額

うことです。

私が保有するコシダカHD（2157）は、23万円で購入した株が、最大資産1870万円にまでなりました（図42）。その間に株式分割も繰り返し、32分割され保有株数も32倍になりました。

しかし、一度も売却はしていません。もはや、もらえる配当金だけで投資金額は回収し終わり、すべて純粋なキャッシュフローとして自分の資産を潤してくれています。大事なのは1870万円という評価額ではなく、そこからいただける配当金の総額と投資額に対する利回りだと考えています。配当株投資をするなら、高配当株でなく連続増配株に投資するべきです。

あとは、すべての銘柄において投資資金が25万円前後と少ないため、いくら大きな値動きをしても「投資額に比べたら儲かっている」という感覚でしか見ないようにしています。

10バガーの可能性があるなら損切せず、すべて取りにいく

次に、買った株が値下がりした場合です。まず、投資歴のある皆さんに一つお聞きしてみたいことがあります。

「自分が保有している株を売ったあと、値上がりして悔しい思いをした経験はありませんか?」

私は非常に悔しい思いをしました。過去、そういった銘柄がいくつもあります。本当に我慢なりません。ならばどうするか、結論はシンプルでした。売らないで保有し続ければいいのです。

私の狙う10バガー銘柄は東証1部上場の信用と信頼が確立した大企業よりも、必然的に東証2部やジャスダックなどの中小型株が中心になります。これは時価総額が低いほうが上昇余地が大きいからです。これから成長する企業は、往々にして先行投資が必要と赤字を出したり、積極採用により固定費が一時的に上がったり、ほかの業界からの圧力が入ったりと、想定外のことが起きるのは日常茶飯事です。そして、株価はそれらにすぐに反応しがちですが、本当のゲームチェンジがこれから訪れるかもしれない中で、株価の値動きに一喜一憂して売買するのはどうかと思うのです。いちいち狼狽して手放す必要なんて全然ないのです。

保有するＪＩＡ（７１７２）は買い値から最大80%超も下がり、資産価値は5分の1以下になってしまいました。それでも売却はしていません。いずれ戻るかもしれないし、売却後に戻したら悔いしか残りません。このストレスを除くには、値下がりしても売らなければいいだけと気づきまし

た。10バガーの可能性をすべて取りにいくという気概を持って、投資と向き合う覚悟を決めたのです。ちなみにまだ投資歴の浅い頃は、私の損切り後に10バガーとなった銘柄もあります。

この考え方は、1銘柄の投資額を25万円前後と決めていることとうまくリンクしています。どんなに株価が値下がりしても、約25万円しか投資していない企業の株のことです。不祥事が起きようが、株価が半分になろうが、最悪倒産しようが、損失は本業の稼ぎを入金すれば埋め合わせることができる金額の範囲内だと考えて心を落ち着けます。

投資金額を一定に保つことは資産管理の面でも有利に

これまで、話をわかりやすくするために投資の基準単位額を25万円前後としてお話ししましたが、私の実際の取引基準は1銘柄あたり30万〜50万円の範囲に収まるように設定しています。

どんなにいい銘柄と思っても基本的に買い増しをしないのは、資産を寄せることになってしまうからです。そして利益確定も一切しないので、ものすごく株価が上がった銘柄は自然と自分の資産ポートフォリオの上位に来ることになります。そのような銘柄は、継続的に値上がりしていく傾向が強いので、分散投資にもかかわらずパフォーマンスは割と高めかと思います。

また投資金額をほぼ一定にすることで、保有株でどの銘柄が買い値より上か下かがすぐにわかるメリットもあります。

おうちでやる作業は1600社の適時開示確認

毎日3時間の適時開示確認作業は趣味の一環

『#おうちトレードで億り人！〜』という本のタイトルに対し、トレードはおろか、売買自体も追加資金が貯まったときに新規銘柄を決まった金額買うだけ、という手法を紹介してしまいました。

私は、決してメンタルが強いほうではありません。株価の値動きを直に見ていたら、取引の度に一喜一憂し資産を減らし続けるでしょう。凄腕個人投資家の方々は、値動きを見て株価に飛び乗り、飛び降りと日々稼いでおられますが、私は2011年以前にトライして大やけどを負いました。

一方で、買った銘柄が含み損になっていても、配当や優待があればいずれ損失は埋められると考えて、メンタルは強く保てました。それでも新規に銘柄を買うときは勇気がいりますし、資産を1銘柄1点張りするなんてもってのほかです。私の塩漬け耐性メンタルでも無理です。

これが冒頭に述べた、私がこの投資手法にしかたどり着けなかった理由です。

日常的作業としては、追加資金を次にどの企業へ投資するかウォッチする作業を続け、常に数銘柄は購入対象として監視ストックを貯めています。

まず、日中は本業で一所懸命働き、種銭を貯めます。これは私の投資手法の根幹をなす重要な仕事です。業務時間中、投資のために無理に時間を割いて作業をすることはありません。

帰宅後、夕食の終わった21時から24時までの間に、その日に出た適時開示をひたすら読み込むという作業をします。夜に用事がある場合などは、土日に作業して遅れをカバーします。もし、すでに退職し年金暮らしならば、この作業を日中にやるのがよいと思います。ゲームや漫画の時間は最低限に抑え、世界情勢や各企業の業績確認、次の成長への布石といった未来の世界に思いを巡らせるのがとても楽しく、日々の適時開示確認はもはや趣味の領域です。内容の詳細までは追わず、表面的な部分だけを流し読みします。現在、私は約800銘柄保有していますが、適時開示のチェックはその倍の約1600社以上、上場企業の過半をカバーするほどの量を見ています。

まず、売上が上がったか下がったかという基礎情報と、その表面的な理由を把握します。この時点で要因までは深く追いません。季節性などを頭に入れて、同じ業界で同じような内容の適時開示が出れば、業界の置かれている状況が頭に残っていきます。でも1社だけ違う開示が出た場合は、その企業に何かが起きているはずで、そこだけは理由を細かく調査するということをします。

ちなみに『会社四季報』は辞書代わりで、ツイッターなどで聞いた銘柄の基礎情報を調べる程度しか活用していません。有価証券報告書まで見ることも、まったくしません。

10バガーの候補となる成長企業を見抜く銘柄選択術

10バガー銘柄の見つけ方で注目するのは利益率

先に述べた日々の作業で、適時開示の確認でアンテナを張ることなど、投資に必要な情報はすべて無料のツールの範囲内でやっています。

企業が作成する5年先や10年先を見越した長期経営計画は、とても参考になるため購入候補銘柄を見つけたら必ず確認することにしています。我々素人が考えることよりも、その業界に身を置くプロフェッショナルが自分たちの未来を真剣に考えて作成したものだからです。そこで注目したいのが1年目の進捗状況です（図43）。1年目から計画が上振れしている銘柄は非常に買いたい銘柄になります。なぜなら1年目から計画が上振れるということは、壮大なストーリーを語った長期経営計画が実現するだけでも株価にインパクトがあるのに、それがさらに上振れする予兆をつかむことにほかならないからです。

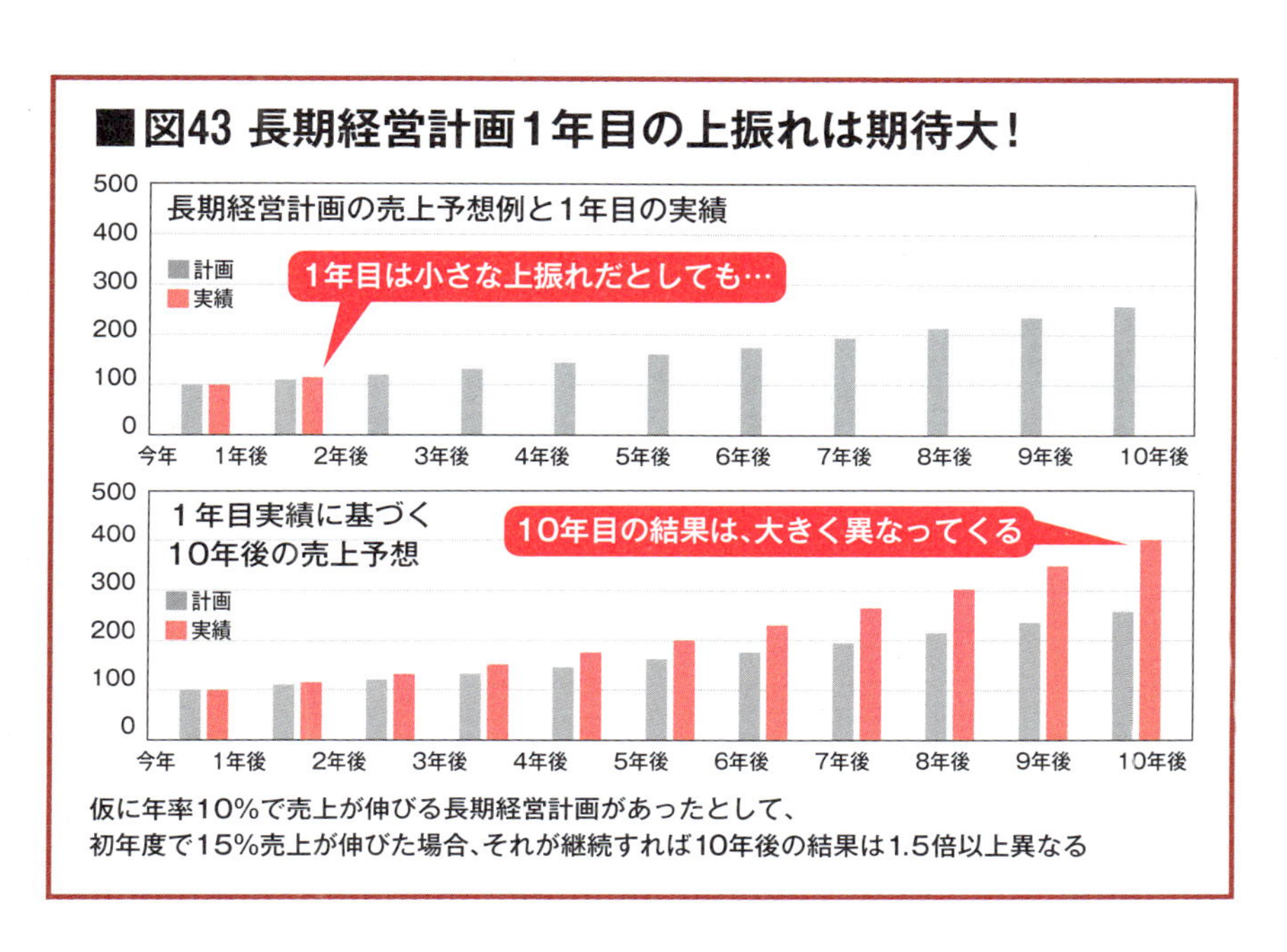

10バガー候補として、投資対象の銘柄を見つけるうえで一番重要視するのは、やはり利益率です。断然、利益率です。利益率が高い企業はそれだけ企業価値が毎年増えていくということになります。投資は複利効果が大きいといいますが、企業成長に対する考え方も同じです。利益率が高ければ得られた利益をまた次の売上へつなげる投資に活用できるとともに、会社の資産が増えて企業規模自体も大きくなっていきます。

基準として利益率の業界平均は頭に入れるようにしていますが、たとえば利益率が40%を超えるような企業があれば心躍り、即注目します。実際に10バガーを達成した日本M&Aセンター（2127）が、まさにそうでした。

ときどき、日経新聞などで利益率が高い企業ランキングなどの特集が組まれることがありますが、これが非常に重要な情報源になります。レーザーテック（６９２０）も、そこで見つけました。同社は半導体のマスクブランクス検査装置という分野でシェア１００％を達成している企業です。このようにニッチな分野で高シェアを獲得するなどして、常に業界のトップを走り続けられる会社は、企業の成長がそのまま株価に反映されやすいため、私の投資対象になることが多いです。

また市場のどこをどのように開拓するという戦略が明確で、かつそれが的確と思われる企業が候補になります。エアコン空調を扱うダイキン工業（６３６７）は、市場の中で要所をしっかりと押さえ、戦略を持って市場を開拓していることが手に取るようにわかりますし、日本電産（６５９４）も、決算説明の中で市場のどこを押さえるべきかを明確にうたっています。工場や倉庫内の物流を自動化するマテリアル・ハンドリング機器の世界トップ企業であるダイフク（６３８３）も、戦略が明確な企業で、私の10バガー銘柄の一つです。あとは国策と強く結びついた銘柄も、国の支援という追い風を受けられるため注目です。少し前でいえば、派遣業界などがそれにあたります。

ちなみに投資対象がバリュー株であることは多くありません。10バガー投資をするうえでは、すでに誰かの手垢がついて期待や評価が株価に乗っていることが多いためと思います。

10バガー狙いで買ってはいけない銘柄群とは

一方、10バガー狙いの投資で、買ってはいけない銘柄というのがあります。具体的には、どうが

■図44 愛鷹さんが考える投資を避けるべき9セクター

自動車関連のうち完成車メーカー	銀行、保険	アパレル（ただし強力ブランド除く）
建築業（ただしコンサル系除く）	電気、ガス（ただし電力自由化除く）	ゴム
倉庫	水産	製紙
不動産関連	食料品	石油、石炭などの鉱業

んばってもここから株価が10倍にはなりにくいというもので、たとえばディフェンシブ株に相当する銘柄などです。

投資対象から外す銘柄は、わかりやすくするためにセクターのくくりで考えます。このセクターの中には、細かく分析すれば株価が2倍や3倍になる銘柄も確実に含まれています。でも狙うのはそこではなく、あくまでも10倍になる可能性のある銘柄かどうかにこだわって取り組みます。

投資対象から外すセクターは、具体的には図44のような銘柄群になります。今さら新規参入が難しいオールドエコノミーや、大規模な設備投資が常に必要なセクターは原則避けます。

ただし、避けるべきセクターの中でも電力自由化のような新しい風が起きると対象になることがあります。実際、グリムス（３１５０）で10バガーを達成しています。

400バガー達成の背景に日本初の「スピンオフ」

私が投資を始めて12年になりますが、今年は10銘柄以上で10バガーを達成し、10年連続で10バガーゲットとなりました。図45に、そのうちの10銘柄をまとめています。このうち、今年いきなり405倍を達成したカーブスHDについて少し触れます。

もともと保有していたコシダカHDが、日本で初となる「スピンオフ」という手法で、同社の子会社であったカーブスHDを独立させ新規上場させることにしました。具体的には、コシダカの株主に、持ち株と同数のカーブス株を割り当てるというものです。その取得価格は計算上コシダカの10分の1と決められました。私のコシダカの購入取得単価は23円でしたから、その10分の1ということで、2円の取得単価として計算すると、初値が670円のため、IPO初値で約306倍を達成したことになります。

投資で成功する秘訣は愚直に続けること

実際のところ私の手法に、本当に再現性があるかどうかは正直わかりません。アベノミクスという地合いに助けられたのかもしれませんし、マイナス金利や金融緩和のおかげかもしれません。でも同時に、ただのまぐれだけでもなく皆がバカにしてやらないことを愚直にやり続けた結果として

■図45 今年10バガー以上を達成した保有10銘柄

	銘柄コード	社名	参戦株価(円)	最高値(円)	最大倍率	参戦年	最高時点
1	2317	システナ	193	1968	10.2	2013	2020.01.14
2	6035	アイ・アールジャパンHD	567	15430	27.2	2016	2020.09.03
3	3150	グリムス	132	1930	14.6	2014	2020.08.03
4	7085	カーブスHD	2	809	404.5	2008	2020.03.04
5	8771	イー・ギャランティ	171	2803	16.4	2012	2020.07.30
6	2413	エムスリー	349	6780	19.4	2012	2020.09.03
7	3835	eBASE	125	1606	12.8	2015	2020.07.27
8	3804	システム　ディ	149	1793	12.0	2013	2020.08.27
9	4726	ソフトバンクテクノロジー	346	4180	12.1	2012	2020.07.28
10	9090	丸和運輸機関	396	4390	11.1	2015	2020.08.14

今があるものと思っています。

私の手法は、兼業投資家として働きながら入金する投資手法として紹介しましたが、この本を読む方の資産状況や置かれた環境は異なるはずなので、必要に応じてアレンジを加えていただければと思います。

銘柄数を徹底的に増やす10バガー狙いの投資法は、ともすると宝くじを定期的に購入するかのように見えるかもしれません。しかし、宝くじや競馬と決定的に異なるのは、当たらなかったときに紙くずになるかならないかです。投資の場合、紙くずになることは、ほとんどありません。

配当さえあれば、毎年配当金も受け取れます。一度紙くず同然になっても、そこから奇跡の復活劇もあり得ます。この点において株式投資は、長期的な資産運用に取り組むには魅力的な資金の預け先だと思います。

コロナ禍で
在宅勤務も広がる中
兼業投資家は
どのように投資と
向き合うのか

兼業投資家のおうちトレードとは?

個人投資家を等しく襲ったコロナショック。そのとき、会社員でもある兼業投資家はどのように行動したのか。兼業投資家ならではの悩みも含め、SammyFebruaryさん(以下「SF」)、とりでみなみさん(以下「とり」)、雅さんという3人の億り人が、それぞれの対応について赤裸々に語った!

兼業投資家が見たコロナショックそのときとった行動とは?

SF　今回のコロナショックで5年分、いや8年分の給料を飛ばしました。

雅　私は9年分かしら。失われた9年になった。

とり　私は慣れない信用取引のトレーニング中に被弾したので、一時期資産が半分になりました。

SF　バリュー投資家は皆やられてる。一方で、小型グロース(成長株)投資家は結構プラスになってる人も多い印象だね。

SammyFebruaryさんの在宅勤務環境。

SammyFebruary

40代、電気機器メーカー営業職。投資歴19年。高配当銘柄好きで、将来の夢は配当金のみで南の島で悠々自適に暮らすこと。

とりでみなみ

40代、ＩＴエンジニア。投資歴18年。コロナショックで一時、億り人から陥落も復活。目標の50歳で資産３億円を目指し奮闘中。

雅(みやび)

メディア系企業ＯＬ。年齢、投資歴非公開。酒と文鳥をこよなく愛する。地味な株に投資しては成果を上げ周囲を驚かせる。

雅　株のボラティリティ（変動率）が高いから、極力コロナ中は見ないようにして仕事に集中してました。

とり　私は信用取引の失敗の後始末で結構大変だったけど、おかげでかなり勉強にはなった。

SF　在宅勤務中、相場を見てるとついつい売買したくなるんだよね。毎日JT（2914）の値動きを見ていたら値動きのクセに気づいて、数十円抜き（1日の中の値動きで、小さくても差益を狙う手法）を繰り返してました。

とり　さすが。こういうときは慣れないことをするとダメで、向いていない人がやると資産を吸い取られるだけになるんだよね。

雅　私は株を見ないように、あえてネット環境から離れて不便な環境に身を置くなどしてました。

とり　しかし、日経平均はコロナ前の水準まで戻ってきたね。落ちるのも早かったけれど、戻りも想像以上に早い。

SF　兼業投資家は基本的に機動的に売買できないから、この間あまりポートフォリオは変更しなかったね。若干売った銘柄もあったけれど、その後、一つも買い戻せなかった。

雅　私は5銘柄ぐらい売ったかな。買うときには出来高や普段の値動き、その銘柄をどのくらい分析できているかで損切りラインを決めていて、スシロー（3563）は2割下がったら切ると決めていたので売りました。そのあと、ナンピンで細かくいろんな保有銘柄を買い増していました。

SF　手数料が気になってしまうんだよね。

雅　そう。「50万円以下無料」とか言われると1回の購入額がどうしてもそれ以下になっちゃう。

とり　そんなに手数料が気になるんだ。私は全然気にしてなかった。

SF　こういう暴落相場のとき、サラリーマンは固定収入があるから強いよね。でも個人経営の飲食業の人とかは、必死に働いているのに稼ぐどころか赤字になってしまうのは本当に厳しい。

雅　私も口座のお金が減っていると、今日、呑みに行くのやめようかなってなるよね。ひどいと前日比マイナス1000万円とかあったし。

SF　逆に悔しいから厄落としだと、呑みに行っちゃうかな。

とり　やけ呑みですね。

SF　いや、お金を使って経済を助けるんです。

億り人であることはもちろん 職場では株式投資の話自体厳禁

とり　皆さん、職場で投資の話はされますか。ちなみに私は一切してません。

SF　会社では株式投資の話は一切できないね。たとえば銘柄の話になったとして、「この前騰がると言ったじゃない」と言われても、状況は刻々と変化する。群発地震が起きれば火山から遠ざかるようなことは自然とやるのに、株だとなんで教えてくれなかったのとか言われてもね。投資が義務教育じゃないからなのか、感覚の違いは歴然とあるし。あと、社内で誰々がFXで1億円儲けたらしいという噂話は流れてきたな。

とり　そういうのがバレると面倒だよね。すぐ「おごってよ」とか言われそうだし、割り勘にするとケチな人に見られたり。

SF　だからこっちからは会話に入らないようにしている。

雅　以前、会社のパソコンで証券口座を開いたままトイレに行ってしまい、戻ってきて冷や汗をかいたことならあります。あのときの表示は前日比

口座のお金が減っていると、今日、呑みに行くのやめようかなってなる

雅

マイナス145万円だったかな。

とり それはまずい（笑）。

SF そういえば最近、場中にIRを出す銘柄あるけど、あれ勘弁してほしいな。在宅勤務で少しは手を出せるようになったけど。

とり 専業でツイッターやっている人をフォローすると、情報を比較的早く入手できるよね。

雅 有名個人投資家のつぶやきはもはや新しい仕手筋。どうしても銘柄が被る場合は時期を避けて買うしかないですね。仕手筋銘柄はどうせ先に買い集めたあとに煽るはずだから、特に小型株なんて話題に上ったところが買いではなく売り場だと思っている。

とり 突然急騰したりしますよね。なかなか株価を見る暇がないから監視が必要な銘柄は買わないし、値動きが荒いのとか材料株とか、話題の株はできるだけ避けたいです。

雅 専業投資家は、出来高の多い9時からの30分と15時の引け前30分のトレードがメイン。特に、引け前は機関投資家が来ないので個人投資家の独壇場になってますね。

とり 我々にはなかなかできない時間だ。9時始業で必ず朝礼とかあるし。

SF 以前は結構寄り付き前の板を見ていたけど、今は本当に参考にならないね。8時59分までは見ていても役に立たない。兼業投資家にとっては、時間の無駄になることが多い。

雅 あらかじめ注文出しておくしかないですね。

SF 今は金融相場といわれるけれど、これから業績が上がる銘柄をこつこつ買うだけです。

最近、場中にIRを出す銘柄あるけど、あれ勘弁してほしいな

Sammy February

株式投資で億り人になっても本業を辞めない理由は人それぞれ

とり　億り人だと、たとえば日経平均が1％動くと資産は100万円以上増減しますよね。皆さん普通に仕事してられますか。

SF　投資で給料以上儲かっても、働くことがバカバカしいとは思わないな。投資を本業にすると投資に向き合わざるを得なくなり、逃げ場がなくなるので、そのために専業にはならない。まだまだお金は必要だし、そのために働いている。でも、コロナで出張がなくなって、それが仕事上の唯一の楽しみだったので、ちょっとつまらない。

雅　私は天職を探したいとずっと思っているけど、株は下手だし寝ても覚めても投資したいとは思わないから投資家は天職じゃない。だから兼業。

とり　私は仕事を続けていないと自分が腐るというのを知っているので。大学時代はかなりニートに近い状態になって、これはまずいと思ったのがきっかけです。

雅　時間の進み方をきちんと感じることや、週末という区切りの繰り返しが大切かな。電車に乗り遅れるかもと2、3分を争うこの緊張感が大切。なくなるとボケる気がする。

とり　人生や生活の中に多少嫌なことがあったほうがいいと思うんだよね。苦があるから楽があるというか。

雅　食べ物も、不味いものがあるから美味しく感じられる。

SF　でも仕事はいずれ辞めたい。辞めたいと思っているけど嫁が不安がるから辞められない。ほかにやりたいことないし、投資なんかしないで済むなら、できることならやりたくない。でもやめないのは、やはり投資になんらかの魅力があるからなんだろうな。

雅　私は自分の年金のために投資しています。就職のときにもう年金に頼れないという危機感があったよね。

とり あった、あった。

雅 最近は証券口座に入金しなくなって、給料はすべて酒と旅行に消えている。

SF 私も証券口座への入金はしてないな。現金で2000万円保有するようにしたいと銀行口座には入れている。そうしたら保険もいらないと雅さんに教えてもらったので。

雅 そうそう。「2000万円かけて治らない病気は基本治らないと思っていいから」と保険のプロに言われたので。あと、自分に何かあったときに現金があったほうが、後見人がいろいろ手当てしやすいでしょ。株だと、どれを売って現金化するかとか判断が必要になってしまうし。

とり ずっと入金を続けてたけど、やめようかな。

SF あとは仕組債を買って、償還時に外貨に変換するようなこともしている。

雅 それいい。外貨へのスイッチコスト（手数料）はバカにならないからね。いいアイディア。

とり あと、もう少し世の中に兼業投資家が増えてほしいね。市場が成立するには実業が必要だし、株式投資で世の中の仕組みがわかることは本業にもプラスになると思うんだ。

SF 確かに。俺の販管費はこんなに高いのかとショックを受けるのもいい。

雅 競合分析として社員がライバル企業の決算書を読む時代がこないかな。ライバル会社の株主総会に出席して質問しまくるとかが普通になったらおもしろいですよね。

株式投資で世の中の仕組みがわかると本業にもプラスになると思う

とりでみなみ

#おうちトレードで億り人!
知識ゼロからの株必勝法完全ガイド

2020年10月26日　第1刷発行

著者

相場師朗／愛鷹／今亀庵／www9945／山下勁

発行人

蓮見清一

発行所

株式会社 宝島社

〒102-8388 東京都千代田区一番町25番地
電話：03-3234-4621（営業）／ 03-3239-0646（編集）
https://tkj.jp

印刷・製本　サンケイ総合印刷株式会社

Printed in Japan
ISBN 978-4-299-00968-5